Warten auf Weihnachten

24 Geschichten bis zum Heiligabend

Herausgegeben von Susanne Klein
Bilder von Susann Opel-Götz

Verlag Friedrich Oetinger · Hamburg

© Verlag Friedrich Oetinger GmbH, Hamburg 2003
Alle Rechte vorbehalten
Einband und Illustrationen von Susann Opel-Götz
Satz: UMP GmbH, Hamburg
Druck und Bindung: J. P. Himmer GmbH, Augsburg
Printed in Germany 2004
ISBN 3-7891-4016-3

www.oetinger.de

INHALT

1. KIRSTEN BOIE Die Omalüge 7

2. SABINE LUDWIG Gans in Not 15

3. ASTRID LINDGREN Wie wir in Bullerbü Weihnachten feiern 21

4. JANOSCH Der Bär und der Vogel 29

5. PAUL MAAR Der doppelte Weihnachtsmann 34

6. BETTINA OBRECHT Wer Pech hat, wird geküsst 40

7. HANS PETERSON Malins Weihnachtsgeschenk 47

8. THOMAS SCHMID Gelbe Engel 53

9. ERICH KÄSTNER Ein Kind hat Kummer 59

10. RENATE WELSH Weihnachts-Chaos mit Katze 66

11. BARBARA ROBINSON Hilfe, die Herdmanns kommen 74

12. SYLKE HACHMEISTER Das Schönste an Weihnachten   81

13. SYBIL GRÄFIN SCHÖNFELDT Der Bäckerengel   87

14. GREGOR TESSNOW Heiße Weihnacht   93

15. ROSE LAGERCRANTZ Metteborgs Flohmarkt   104

16. EVA MARDER Der gläserne Vogel   115

17. DAVID HENRY WILSON Warten auf Weihnachten   124

18. MARLIESE AROLD Der Engel in der U-Bahn   133

19. ASTRID LINDGREN Pippi Langstrumpf feiert Weihnachten   142

20. DORIS MEISSNER-JOHANNKNECHT Die Spur im Flur   146

21. KIRSTEN BOIE Der Tannenbaum   152

22. ASTRID LINDGREN Pelle zieht aus   161

23. CHRISTINE NÖSTLINGER Die gerechte Verteilung   166

24. KAREN-SUSAN FESSEL Josef und Maria   174

QUELLENNACHWEIS   181

KIRSTEN BOIE
Die Omalüge

Zu Weihnachten muss man ein guter Mensch sein, das weiß ich auch. Weil Gott da seinen eingeborenen Sohn auf die Welt geschickt hat, da müssen wir uns freuen. Auch wenn ich keine Ahnung habe, was „eingeboren" bedeuten soll; dieser Jesus war schließlich weiß, und die Eingeborenen sind sonst ja eigentlich immer die Schwarzen oder die Südsee-Menschen mit den Blumenketten um den Hals.

André und ich haben mal darüber gesprochen und wir haben gleich den Verdacht gehabt, dass Jesus vielleicht ein Neger ist, das wollen die Erwachsenen nur nicht zugeben. Und Neger soll man sowieso nicht sagen.

Ich hab gedacht, dass ich ja Omi fragen kann, wenn sie Weihnachten zu uns kommt. Omi sagt meistens die Wahrheit.

Jedenfalls war es nett von Gott, dass er seinen Sohn geschickt hat und hat ihn in diese niedliche kleine Krippe gelegt, egal, ob der nun schwarz war oder mit Blumenkette, da sagen die Erwachsenen ja sowieso nicht die Wahrheit. Weil eine Krippe natürlich viel besser ist als ein langweiliges Krankenhausbett, wo die Kinder meistens geboren werden, oder, sagen wir mal, ein Gitterbett in einer Hochhauswohnung. Für ein Krippenspiel wäre das ganz schlecht, es würde überhaupt nicht echt aussehen, und für die gebastelten Fensterbilder wäre es auch nicht so gut. Es ist schon ein Glück, dass Gott seinen Sohn in eine schöne Krippe gelegt hat, und darum sind wir jetzt auch alle dankbar und versuchen gute Menschen zu sein.

Es gibt natürlich noch einen Grund, warum wir das versuchen sollen, aber über den redet man nicht so viel. Das sind die Geschenke.

Wenn man also zum Beispiel vor Weihnachten zu viel Blödsinn macht, dann gibt es vielleicht nicht so viel, und mit dem Weihnachtsmann hat das gar nichts zu tun. Nur mit den Eltern, die finden, dass sie sich vor Weihnachten nun so viel Mühe gegeben haben mit den Kerzen und den Keksen und dreimal ins Weihnachtsmärchen gehen, und darum sind sie dann auch ziemlich schnell enttäuscht. Vor Weihnachten muss man sich benehmen.

Ich hab mir also auch wirklich große Mühe gegeben, und bis zum vierten Advent hab ich es auch geschafft. Ich bin ein guter Mensch gewesen und hab meine Hausaufgaben gemacht und am Vormittag vom zweiten Advent sogar mein Zimmer aufgeräumt, und zweimal war ich für Mama einkaufen.

Und ich hab Weihnachtsgeschenke für die Tanten und Onkels gebastelt, obwohl es „Star Trek" im Fernsehen gab, und ich hab gedacht, dass es sich dann hoffentlich auch lohnt. Aber leider ist es dann doch wieder schief gegangen.

Ich weiß nicht, wie es gekommen ist, vielleicht war auch Mama daran schuld, weil sie am Sonntag nach dem Kaffeetrinken gesagt hat, nun soll ich aber noch was Schönes für Omi basteln, und sie hat mir zwei Lederstücke gegeben, da waren ringsum Löcher reingepikst. Die sollte ich zusammennähen, und dann konnte Omi da irgendwas reintun.

Zuerst hab ich noch versucht, Mama zu erklären, dass Omi gar nichts zum Reintun braucht und dass sie eine Handtasche hat und eine Geldbörse, aber Mama hat gesagt, so ein Unfug, Omi freut sich ganz bestimmt. Da hab ich also genäht und genäht, und im Fernsehen war „Star Trek" zu Ende und ich hab überhaupt nichts davon mitgekriegt. Da bin ich ein bisschen böse gewesen auf Mama und auf Omi auch, und vielleicht ist sie mir deshalb am Montag in der Schule eingefallen. Weil sie in meinem Kopf eingespeichert war wie im PC auf der Festplatte, und wenn man die richtige Stelle angeklickt hat, ist sie wieder zum Vorschein gekommen.

Am Montagmorgen in der Pause haben wir Fußball gespielt und ich war im Mittelfeld. Ich hab mich sehr bemüht, auch mal was Gutes zu machen, weil sie mich beim Fußball immer als Letzten aussuchen. Darum hab ich auch so viel Wucht hinter meinen Schuss gelegt, wie es nur ging, und da ist es dann eben passiert. Eigentore mag ja keiner gerne.

Aber am schlimmsten war, dass sie mich danach alle angebrüllt haben, dass ich eine Lusche bin und der Untergang jeder Mannschaft, und die ganze Zeit hat vom Rand her Thekla zugeguckt, auf die wollte ich eigentlich beim Nachhausegehen warten. Und Thekla hat gelacht. Da hab ich weinen müssen.

Die anderen hat das zum Glück nicht gekümmert, die haben weitergespielt, aber als wir wieder in die Klasse gekommen sind, hat mich Frau Mebold an der Schulter festgehalten.

„Christopher!", hat sie gesagt.

Ich hab versucht, das Heulen abzustellen, aber jeder weiß, dass das nicht so einfach geht, wenn man erst mal richtig angefangen hat.

„Was ist denn los mit dir, Christopher?"

Da hat André gesagt, dass ich ein Eigentor geschossen habe, und Michael hat irgendwas geflüstert. Und Thekla hat mich die ganze Zeit angeguckt. Da hab ich gewusst, dass es so nicht geht, und ich habe die Nase aufgezogen und mir den Rotz weggewischt, und ich hab gesagt, dass es gar nicht wegen dem Fußball ist, sondern weil meine Oma in der letzten Nacht gestorben ist. Das ist mir zum Glück noch rechtzeitig eingefallen.

Dann weint ja wohl jeder.

Da hat mir Frau Mebold den Arm um die Schulter gelegt, und Thekla hat mir ihr Taschentuch gegeben, und die anderen waren plötzlich alle ganz still. Sogar André hat gesagt, dass man an so einem Tag natürlich nicht gut spielen kann, und Michael hat sich entschuldigt.

Aber am besten war, dass hinterher Thekla mit mir nach Hause gegangen ist, und sie ist manchmal so mit ihrer Schulter gegen mich gestoßen, und sie hat auch ganz lieb geguckt. Nur dass wir dann vor unserer Haustür Frau Kaak-Wegener getroffen haben, die gerade den Mülleimer rausgebracht hat, war nicht so gut.

„Oh, hallo!", hat Frau Kaak-Wegener gesagt und so verschwörerisch geguckt. Da hab ich schon verstanden, dass Thekla nicht wollte, dass sie denkt, wir sind ein Liebespaar, und dass sie ihr erzählt hat, meine Oma ist tot.

„Nein, das ist ja furchtbar!", hat Frau Kaak-Wegener gesagt und gleich ihren Mülleimer auf den Boden gestellt. „Doch nicht die Oma, die euch immer besuchen kommt? Doch nicht die Oma, die Weihnachten auch kommen wollte?"

Ich hab genickt und auf den Boden geguckt. An meinem Gesicht hätte sie sonst vielleicht was gemerkt.

„Dann richte deiner Mutter mein herzliches Beileid aus!", hat Frau Kaak-Wegener gesagt. „Und wenn ich ihr irgendwie helfen kann, hörst du! Dann soll sie sich unbedingt melden. Oder vielleicht klingle ich nachher lieber noch selber bei ihr."

Aber ich hab gesagt, dass das wirklich gar nicht nötig ist und dass ich Mama alles ausrichte. Ganz sicher hab ich mich aber trotzdem nicht gefühlt.

Und dann hat eine furchtbare Zeit angefangen. Das Zweitfurchtbarste war, dass ich wusste, ich hatte es nicht besser verdient, und das Furchtbarste, dass ich so ungeheuer aufpassen musste.

Zum Beispiel hab ich am Nachmittag mit ganz spitzen Fingern den Beileidsbrief aus unserem Briefkasten fischen müssen, den Frau Kaak-Wegener da natürlich sofort reingeschmissen hatte. Das ist gar nicht so einfach ohne Schlüssel, man muss die Finger ganz lang machen und wie eine Zange, dann klappt es vielleicht.

Und in der Schule hat Frau Mebold natürlich wieder gefragt, ob auch alles in Ordnung ist. Ich hab Angst gehabt, dass sie Mama vielleicht anruft, aber zum Glück war es da schon der letzte Schultag. Kein Mensch kann wissen, was sonst noch alles passiert wäre.

Und dann ist mir eingefallen, dass das richtig Gefährliche ja erst kam, wenn Oma bei uns war und Frau Kaak-Wegener sie entdeckte. Natürlich hätte man ihr erzählen können, dass Oma ein Zombie war oder ein Vampir oder auferstanden von den Toten, aber so viel Erfahrung hatte ich ja schon mit unserer Nachbarin, dass ich wusste, so was würde sie niemals glauben.

Und ich hab zu Gott gebetet, dass er mir doch bitte helfen soll, weil schließlich Weihnachten ist, und dass Omi sich vielleicht noch erkältet oder den Fuß verstaucht und zu Hause bleibt, aber es muss eine ganz leichte Verstauchung sein. Oder dass sie bei uns wenigstens Frau Kaak-Wegener nicht trifft.

Aber das hätte ich mir natürlich gleich denken können, dass Gott bei solchen Sachen kein Komplize sein will, da macht er sich ja seinen ganzen schönen Ruf kaputt. Und darum ist Omi also doch gekommen, und Frau Kaak-Wegener getroffen hat sie auch, sogar am Heiligabend.

Wir waren auf dem Weg in die Kirche, und Mama war noch nicht ganz fertig mit ihrem Make-up. Darum sind Omi und ich schon vorausgegangen, Plätze reservieren.

Und da haben wir sie dann getroffen, was ja auch kein Wunder war. Schließlich will Frau Kaak-Wegener am Heiligabend auch in die Kirche.

„Oh, Frau –!", hat sie zu Omi gesagt und ganz erschrocken ausgesehen. „Nein, das ist aber ein Schreck!" Dann hat sie sich erholt und mich so giftig angeguckt, und sie hat gesagt: „Eine Freude ist das, eine Freude!" Ihr Blick war immer noch voller Gift und Galle, das hat mich aber nicht weiter gestört. Weil sie mich sowieso nicht so gut ausstehen kann, vor allem, wenn ich spiele, dass ich ein Popstar bin.

Nur dass Omi mich dann natürlich gefragt hat, wieso diese Dame sich so ungewöhnlich aufgeführt hat, das war mir nicht so recht. Aber wir hatten ja den ganzen Weg bis zur Kirche dafür Zeit, und zum Glück war ja auch Mama nicht da. Da hab ich es Omi eben erzählt.

Als ich mit dem Erzählen fertig war, waren wir gerade bei der Kirche angekommen, aber wir konnten leider nicht rein, so doll musste Omi lachen. Sie hat sich an die Mauer neben dem Eingang gelehnt und gelacht und gelacht, dass ihr zuletzt die Tränen übers Gesicht geströmt sind. Manche von den Leuten, die in die Kirche wollten, haben einen Augenblick gezögert, ob sie vielleicht was zu Omi sagen sollten. Sie haben ja natürlich geglaubt, Omi weint.

Aber dann hat Omi doch aufhören können. „Christopher!", hat sie gesagt und sich mit einem Spitzentuch die Augen getupft. „Du bist wunderbar!" Und als sie sich neben mir durch den Eingang in die Kirche gedrängelt hat, hat sie gesagt, dass sie sich nun aber ganz herzlich bei mir bedanken muss. Weil Totgesagte länger leben, und wer weiß, wie viele Jahre ich ihrem Leben also hinzugefügt habe. Da hab ich erst begriffen, dass es dieses Sprichwort gibt und dass man länger lebt, wenn die Menschen mal geglaubt haben, man ist tot. Und ich hab begriffen, dass ich nun also doch was Gutes getan hatte und ein guter Mensch geworden war, wie man es zur Weihnachtszeit soll, und als Mama sich zu uns in die Bank gequetscht hat, hab ich mich richtig glücklich gefühlt.

Nur dass Omi während der ganzen Weihnachtspredigt immer so doll lachen musste, dass alle Leute ganz komisch zu uns hingeguckt haben, sogar der Pastor, war mir ein bisschen unangenehm. Aber ich hab gewusst, dass Gott nun doch meine Gebete erhört und alles in Ordnung gebracht hatte, nur eben anders, und ich hab gedacht, dass er ein komischer Mann ist, und hab ihm ein Dankgebet geschickt.

Auf der anderen Seite vom Gang hat Frau Kaak-Wegener mir immer noch so feindliche Blicke zugeworfen. Aber die kann mich sowieso nicht so gut ausstehen, vor allem, wenn ich spiele, dass ich ein Popstar bin.

SABINE LUDWIG
Gans in Not

„Was haltet ihr davon, wenn wir in diesem Jahr mal keine Gans braten, sondern …"

Ein Aufschrei aus drei Kehlen ertönt.

„Weihnachten ohne Gans, das ist doch kein Weihnachten", sagt Lukas, und Papa meint: „Wenn ich nur an die leckere Füllung denke …"

„Ich will aber den Bürzel!", quakt Lilli dazwischen.

„Bist selber ein Bürzel", feixt Lukas und zwickt Lilli in den Po.

„Wenn wir schon bei Weihnachten sind", sagt Papa, „meine Mutter lässt fragen, ob sie und Tante Charlotte nicht zur Abwechslung mal am Heiligabend kommen können."

„Aber das geht doch nicht, da sind doch schon meine Eltern da", sagt Mama.

„Na, die laden wir dann am ersten Feiertag ein. Meine Mutter möchte auch mal bei der Bescherung dabei sein, solange Lilli noch klein ist …"

„Ich bin überhaupt nicht klein!", kreischt Lilli.

„Und wann gibt's dann die Gans?", fragt Lukas. „Opa Klaus will doch immer nur Heringssalat."

„Die Gans müsste es dann eben Heiligabend geben", sagt Papa.

„Nie und nimmer!" Mama springt auf. „Ich stell mich doch nicht hin und schmücke den Baum, verpacke die Geschenke und brate so ganz nebenbei noch eine Gans!"

„Bitte beruhige dich doch!", ruft Papa. Aber Mama lässt sich nicht beruhigen. „Es reicht!", sagt sie. „Es reicht mir schon lange, dass ihr's nur wisst. Ich möchte einmal Weihnachten feiern, wie ich es will, ganz in Ruhe. Nur wir vier."

„Aber meine Mutter und Tante Charlotte wären sicher sehr beleidigt, und deine Eltern bestimmt auch, wenn wir sie nicht einladen", sagt Papa.

„Wir fahren weg", sagt Mama. „Wir sind einfach nicht da."

„Super Idee", sagt Lukas. „Eine Hütte in den Bergen und jede Menge Schnee. Ich wollte schon immer einen Skikurs machen."

„Ich will reiten!", ruft Lilli dazwischen. „Ich will im Schnee reiten und das Pferd soll silberne Glöckchen an der Mähne haben."

Papa sieht nicht sehr glücklich aus. „Ich weiß nicht, ob wir uns das leisten können."

„Lass das nur meine Sorge sein", sagt Mama.

„Weihnachten an der Nordsee", brummt Lukas. „Hier ist doch absolut nichts los."

„Eben", sagt Mama.

„Aber es gibt Pferde!", sagt Lilli und zeigt durchs Autofenster auf zwei zottige Ponys, die traurig im Nieselregen stehen.

„Es ist alles noch so grün", staunt Papa.

„Genau! Überhaupt nicht weihnachtlich", sagt Lukas.

„Nun, wartet's doch erst mal ab", sagt Mama. „Gleich sind wir da."

„Also ich finde es wunderschön hier!", sagt Mama am Abend und blickt sich in dem kleinen Wohnzimmer um. Im Ofen prasselt ein Holzfeuer, auf dem Tisch steht eine Schale mit Plätzchen und in einem Tonkrug stecken Tannenzweige. Lukas hält einen Zweig ins Feuer. Es knistert und knackt und duftet.

„Ein Häuschen ganz für uns allein, das haben wir uns doch immer gewünscht", schwärmt Mama weiter.

„Schon, aber doch nicht hier, wo alles nur grau ist", mault Lukas.

„Und grün", fügt Papa hinzu.

„Wann kaufen wir den Weihnachtsbaum?", fragt Lilli.

„Es wird dieses Jahr keinen Weihnachtsbaum geben, Mäuschen", sagt Mama. „Denk doch mal, was wir alles hätten mitnehmen müssen, den Schmuck, die Lichterketten ..."

Sie kann nicht weitersprechen, denn Lilli brüllt wie am Spieß.

Papa gießt Tee ein. „Und wo braten wir die Gans?", fragt er. „In der Küche sind nur zwei Kochplatten."

„Es gibt im Nachbarort ein Restaurant, das ist berühmt für seinen Gänsebraten mit Rotkohl und Klößen."

„Ih, Rotkohl!", ruft Lukas.

„Ih, Klöße!", brüllt Lilli.

Am Nachmittag des 24. Dezembers steht eine winzig kleine Tanne im Topf auf dem Tisch. Lilli drückt gerade den letzten Stern aus Alufolie in die Zweige. Papa schneidet Zwiebeln für den Heringssalat. Mama raschelt mit Geschenkpapier. Aus dem Radio plärren Weihnachtslieder.

„Nicht mal fernsehen kann man hier", nörgelt Lukas.

„Geht doch noch ein Weilchen vor die Tür", sagt Mama. „In einer Stunde ist es so weit."

Brummelnd zieht sich Lukas den Anorak an und hilft Lilli in die Gummistiefel. Ausnahmsweise nieselt es mal nicht. Die beiden steigen den Deich hoch und an der anderen Seite wieder runter. Natürlich ist wieder Ebbe. Am Horizont vermischt sich das dunklere Grau des Watts mit dem helleren des Himmels. Möwen krächzen.

Lukas' Gummistiefel bleibt im Schlick stecken, er stolpert und fällt der Länge nach in den Dreck.

„Das ist wirklich das blödeste Weihnachten, das ich je erlebt habe", schimpft Lukas und rappelt sich wieder auf. „Ich hoffe nur, dass die Geschenke nicht auch so blöd sind."

„Ich hab mir ein Barbie-Pferd gewünscht", sagt Lilli und reicht Lukas beim Weiterlaufen ihre klebrige Hand. „Das ist ganz rosa und hat eine hellblaue Mähne, da sind Glitzerschleifen drin und man kann sie kämmen und Locken reinmachen und…"

Lukas bleibt stehen. „Guck mal, Lilli, da vorn, was ist das?"

„Ein Vogel", sagt Lilli und plappert ungerührt weiter. „Aber der Sattel von dem Pferd, der ist echt Gold…"

„Sei doch mal still", sagt Lukas und senkt die Stimme. „Wieso fliegt der nicht weg?"

„Vielleicht ist er müde."

„Der ist ja riesig", sagt Lukas, als sie näher kommen.

„Beißt der?", fragt Lilli ängstlich.

„Keine Ahnung, bei kranken Tieren weiß man nie."

Der Vogel öffnet den roten Schnabel zu einem rauen Quaken und versucht mit den Flügeln zu schlagen.

„Vielleicht gebrochen", sagt Lukas. „Nein, nicht gebrochen. Da klebt was Schwarzes an den Flügeln, Teer oder Öl."

„Ich hab Angst", sagt Lilli und hält Lukas' Hand ganz fest. „Ich will nach Hause."

„Wir können ihn doch nicht hier lassen", sagt Lukas. „Der stirbt, wenn er nicht fliegen kann."

„Wir nehmen ihn mit zu Mama und Papa", schlägt Lilli vor.

„Die können ihm bestimmt auch nicht helfen." Lukas zeigt mit dem gestreckten Arm geradeaus. „Da vorn ist der Hafen, da liegen immer Fischkutter. Vielleicht kennen sich Fischer aus mit so was?"

Lukas versucht den Vogel hochzuheben, aber das ist gar nicht so einfach. Er ist nicht nur schwer, sondern zappelt und faucht. Schließlich hält Lukas ihn fest unterm Arm.

Ein einziger Fischkutter liegt in dem kleinen Hafenbecken. In der Kajüte brennt Licht.

„Hallo!", ruft Lukas. „Hallo, ist da jemand?"

An Deck erscheint ein dünner Mann mit einer blauen Pudelmütze auf dem Kopf. Er wirft einen Blick auf Lukas und Lilli, dann ruft er in die Kajüte: „Hey, Hinnerk, der Weihnachtsmann und das Christkind sind da und bringen uns einen fetten Braten!"

Lukas macht einen Schritt zurück.

„Na, na, war man nur 'n Scherz. Lass mal sehen."

Vorsichtig nimmt der dünne Mann Lukas den Vogel aus dem Arm. „Ein Prachtstück, mindestens fünf Kilo."

Ein zweiter Mann kommt aus der Kajüte. „Na, Jens, was haben wir denn da Schönes?"

„'ne Brandgans, total verklebt."

„Braten die die jetzt?", fragt Lilli.

„Keine Angst, min Deern, das wäre nicht die erste Gans, die wir wieder flottmachen. Wollt ihr zugucken?"

Lukas und Lilli zwängen sich in die enge Kajüte, wärmen sich die Hände an einer Kanne Tee und schauen zu, wie Jens die weißen, braun abgesetzten Flügel der Gans vorsichtig mit Benzin und einem Lappen säubert. „So, jetzt noch etwas warme Seifenlauge und dann könnt ihr sie fliegen lassen."

Hand in Hand stehen Lukas und Lilli auf dem Deich und beobachten gespannt, wie die Gans erst etwas schwerfällig auf dem Watt entlangwatschelt, bis sie sich schließlich mit kräftigen Flügelschlägen in die Luft erhebt.

Sie sehen ihr nach, bis sie nur noch ein kleiner Punkt am Himmel ist. Es dämmert bereits.

„Komisch", sagt Lukas. „Irgendwie fühle ich mich auf einmal ganz weihnachtlich."

„Ich hab Hunger", sagt Lilli. „Aber nicht auf Gans."

„Na dann, schauen wir mal, wer als Erster zu Hause ist!"

„Ich krieg Vorsprung", ruft Lilli und saust los.

3

ASTRID LINDGREN
Wie wir in Bullerbü Weihnachten feiern

Ich weiß nicht, wann Weihnachten woanders beginnt. Hier in Bullerbü beginnt Weihnachten jedenfalls mit dem Tag, an dem wir Pfefferkuchen backen. Dann haben wir fast genauso viel Spaß wie Heiligabend. Lasse und Bosse und ich bekommen jeder unseren großen Klumpen Pfefferkuchenteig, aus dem wir backen dürfen, was wir wollen. Stellt euch vor, das letzte Mal, als wir Pfefferkuchen backen wollten, hatte Lasse den Tag ganz vergessen und fuhr mit Papa in den Wald, um Holz zu holen. Aber draußen mitten im Wald fiel ihm ein, was für ein wichtiger Tag es war, und da kehrte er um und rannte los, dass der Schnee um ihn herum aufstob, wie Papa sagte.

Bosse und ich hatten schon mit dem Backen angefangen. Und es war nur gut, dass Lasse etwas später kam. Unsere beste Pfefferkuchenform stellt nämlich ein Schweinchen dar, und wenn Lasse beim Backen dabei ist, ist es für Bosse und mich einfach unmöglich, die Schweinchenform zu bekommen. Aber nun hatten wir die Gelegenheit ausgenutzt und jeder zehn Schweinchen gebacken, bevor Lasse aus dem Wald zu uns in die Küche gekeucht kam. Oh, hatte er es eilig, uns mit dem Backen einzuholen!

Als wir fast fertig waren, legten wir alle unsere letzten kleinen

Teigreste zu einem großen Klumpen zusammen und machten daraus einen Preisrätselkuchen. Das tun wir immer. Und am Nachmittag, als alle Kuchen aus dem Ofen genommen waren, füllten wir 322 Erbsen in eine Flasche, und dann zogen wir mit der Erbsenflasche durch ganz Bullerbü, und jeder durfte einmal raten, wie viele Erbsen in der Flasche waren. Derjenige, der am besten raten konnte, sollte den Preisrätselkuchen bekommen. Lasse trug die Flasche und Bosse unseren Preisrätselkuchen, und ich hatte ein Notizbuch, in das ich schrieb, was jeder geraten hatte. Es war Großvater, der den Kuchen gewann, und das hat mich sehr gefreut. Er riet, in der Flasche wären 320 Erbsen. So kam er der richtigen Zahl also am nächsten. Inga glaubte tatsächlich, es wären dreitausend Erbsen. War das nicht verrückt?

Am Tag nach dem Pfefferkuchenbacken hatten wir auch viel Spaß. Da fuhren wir in den Wald, um Weihnachtsbäume zu schlagen. Alle Väter aus Bullerbü sind dabei, wenn wir Weihnachtsbäume schlagen, und alle Kinder auch. Die Mütter müssen zu Hause bleiben und Essen kochen, die Ärmsten!

Wir nahmen unseren großen Milchschlitten, mit dem wir sonst immer die Milch von Bullerbü zur Molkerei nach Storbü fahren. Lasse und Bosse und ich und Britta und Inga und Ole durften auf dem Milchschlitten sitzen. Mein Papa ging nebenher und lenkte die

Pferde, und Oles Papa und Brittas und Ingas Papa gingen hinter dem Schlitten und lachten und redeten. Wir auf dem Schlitten lachten und redeten auch.

Der Wald war so verschneit, dass wir den Schnee von den Tannen schütteln mussten, um zu sehen, ob sie gut gewachsen waren oder nicht. Wir schlugen drei große, schöne Tannen, eine für den Nordhof, eine für den Mittelhof und eine für den Südhof. Und dann schlugen wir noch eine ganz kleine Tanne, die Großvater in seine Stube bekommen sollte, und ein Bäumchen, das wir Kristin ins Waldhaus bringen wollten.

Am Abend vor Weihnachten war ich sehr traurig. Ich dachte, Mama und Agda würden nicht fertig werden bis zum Heiligabend. Es sah noch so ungemütlich und unordentlich in der Küche aus. Deshalb weinte ich ein bisschen, als ich im Bett war.

Am Morgen des Heiligen Abends wachte ich früh auf. Ich lief im Nachthemd in die Küche hinunter und – oh, wie war es dort jetzt fein! Auf dem Fußboden lagen ganz neue bunte Flickenteppiche. Die Eisenstangen am Herd waren mit rotem, grünem und weißem Krepppapier umwickelt. Auf dem großen Tisch lag eine Weihnachtsdecke und alle Kupferkessel waren blank geputzt. Ich wurde so froh, als ich das alles sah, dass ich Mama umarmen musste. Lasse und Bosse kamen gleich darauf auch angesaust und Lasse meinte, wenn er die neuen Flickenteppiche sehe, kriege er so ein weihnachtliches Gefühl im Bauch.

Am Vormittag des Heiligen Abends gehen wir Kinder aus Bullerbü immer zu Kristin ins Waldhaus und bringen ihr einen Korb voll guter Sachen. Alle Mütter in Bullerbü haben geholfen, diesen Korb zu füllen. Aber zuerst gehen wir zu Großvater, zu Brittas und Ingas

Großvater meine ich. Wir wünschen ihm fröhliche Weihnachten und sehen zu, wie Inga und Britta sein Weihnachtsbäumchen schmücken. Ein wenig helfen wir auch dabei. Am liebsten möchten Inga und Britta es aber allein tun. Großvater kann nicht sehen, was wir in sein Bäumchen hängen, denn er ist ja fast blind. Aber wir erzählen es ihm und dann sagt er, dass er es nun in seinem Kopf sehen kann.

Als wir zu Kristin ins Waldhaus gingen, war das Wetter wunderschön. Es war genauso, wie es Heiligabend sein soll. Ein ganz schmaler Pfad führt zu Kristins Hütte, aber wir konnten ihn vor lauter Schnee kaum sehen.

Lasse trug den Korb, und Bosse und Ole trugen den kleinen Tannenbaum. Britta, Inga und ich durften gar nichts tragen. Wie war Kristin überrascht, als wir ankamen! Wahrscheinlich tat sie nur so, als sei sie überrascht, denn sie weiß ja, dass wir jedes Jahr kommen. Lasse packte alles aus, was im Korb war, und legte es auf ihren Tisch. Und Kristin schüttelte nur immer den Kopf und sagte:

„Ach, ach, ach, is' ja zu viel, is' ja zu viel!"

Ich fand nicht, dass es zu viel war, aber viel war es schon. Ein großes Stück Schinken und eine Wurst und ein Weihnachtskäse und Kaffee und Pfefferkuchen und Kerzen und Bonbons und ich weiß nicht mehr, was noch alles. Wir befestigten die Kerzen an Kristins Baum und tanzten ein bisschen um den Baum herum – nur, um etwas für den Abend zu üben. Kristin war sehr froh und sie stand in der Tür und winkte uns nach, als wir gingen.

Als wir nach Hause kamen, schmückten Lasse, Bosse und ich unseren Tannenbaum. Papa half dabei. Vom Boden hatten wir rote Äpfel geholt, die wir in den Baum hängen wollten, und von den Pfefferkuchen, die wir gebacken hatten, nahmen wir auch. In die Körb-

chen, die wir bei Großvater gebastelt hatten, legten wir Nüsse und Rosinen. Und die Watteengel, die Mama schon in ihrem Weihnachtsbaum gehabt hat, als sie noch klein war, hängten wir auch in die Zweige. Und dann natürlich eine Menge Kerzen und Süßigkeiten. Oh, wie war der Baum schön, als er fertig war!

Dann war es Zeit, etwas zu essen, und danach konnten wir nur noch WARTEN. Lasse meinte, diese Stunden am Nachmittag vor Heiligabend, wo man nur so herumsitzt und wartet und wartet, die sind es, von denen die Menschen graue Haare kriegen. Wir warteten und warteten und warteten und manchmal ging ich zum Spiegel, um zu sehen, ob ich schon graue Haare hätte. Aber merkwürdigerweise blieb mein Haar so weizengelb wie vorher. Bosse klopfte ab und zu an die Uhr, weil er glaubte, sie sei stehen geblieben.

Als es dunkel wurde, war es endlich Zeit, mit unseren Weihnachtsgeschenken zum Nordhof und zum Südhof zu gehen. Wenn es noch hell ist, kann man das nicht machen, denn dann ist es nicht spannend.

Lasse, Bosse und ich setzten uns die roten Zipfelmützen auf. Lasse nahm natürlich die Maske, die er später am Abend als Weihnachtsmann aufhaben sollte. (Zurzeit macht Lasse bei uns den Weihnachtsmann. Als ich noch klein war, glaubte ich, es gäbe einen richtigen Weihnachtsmann, aber jetzt glaube ich es nicht mehr.) Wir nahmen also unsere Pakete und schlichen uns in die Dunkelheit hinaus. Es waren viele Sterne am Himmel. Und als ich zum Wald hinübersah, der so dunkel dalag, dachte ich, vielleicht könnte es doch einen

Weihnachtsmann dort geben, und bald würde er mit einem Schlitten angefahren kommen, der hoch mit Geschenken beladen ist. Ich wünschte fast, es wäre so.

Im Küchenflur des Nordhofes war kein Licht. Wir klopften an die Tür, und dann öffneten wir sie und warfen unsere Pakete in die Küche hinein. Und da kamen Britta und Inga herausgestürzt und sagten, wir müssten unbedingt hereinkommen und ihr Weihnachtsgebäck und ihre Sirupbonbons probieren. Das taten wir. Und dann kriegten wir auch Weihnachtsgeschenke.

Danach setzten Britta und Inga sich ihre Weihnachtsmannmasken auf und wir gingen alle zusammen zu Ole in den Südhof. Ole saß in der Küche und wartete auch nur. Swipp bellte entsetzlich, als er plötzlich gleich fünf Weihnachtsmänner sah. Ole setzte sich auch seine Weihnachtsmannmaske auf und nun liefen wir alle hinaus und spielten im Dunkeln Weihnachtsmann. Wir spielten, wir seien richtige Weihnachtsmänner, die mit Geschenken für die Menschen unterwegs sind.

Endlich wurde es doch Abend und wir aßen Abendbrot am großen Tisch in der Küche. Kerzen standen auf dem Tisch und eine gewaltige Menge Essen. Aber ich aß fast nur Schinken und natürlich Grütze. Denn ich wollte so gern die Mandel haben. Aber ich bekam sie nicht.

Wir haben einen Knecht hier auf dem Mittelhof, der Oskar heißt. Er hat Agda, unser Hausmädchen, so gern. Und der, der die Mandel in der Grütze findet, heiratet im nächsten Jahr. Und stellt euch vor, die Mandel war mittendurch gebrochen, und Oskar und Agda fanden jeder eine Hälfte. Oh, wie haben Lasse und Bosse und ich gelacht! Agda wurde wütend und sagte, das Ganze sei sicher eine abgekartete

Sache von uns Kindern. Aber was konnten wir dafür, dass die Mandel kaputtgegangen war!

Wir reimten auch zur Grütze. Lasse reimte:
>Die Mandel brach in der Mitte genau.
>Agda wird sicher bald Oskars Frau.

Ist das nicht gut gereimt? Nur Agda fand es nicht gut. Ihre Laune besserte sich, als wir alle ihr später beim Abtrocknen halfen. Das taten wir, damit die Bescherung schneller beginnen konnte.

Danach gingen wir ins Wohnzimmer. Die Kerzen am Weihnachtsbaum brannten und auf dem Tisch standen auch brennende Kerzen. Ich hatte Gänsehaut. Die habe ich immer, wenn es so schön und spannend ist. Papa las aus der Bibel vom Christkind vor. Und ich sagte einige schöne Verse auf, die so anfangen: „Du kleines, liebes Jesuskind, dort liegst du nun in deinem Stroh…" In den Versen heißt es dann noch, das Christkind müsse eine ganze Menge Weihnachtsgeschenke und eine große Torte kriegen, und das meine ich auch. Aber stattdessen bekommen wir ja die Weihnachtsgeschenke.

Während wir anderen sangen: „Alle Jahre wieder kommt das Christuskind…", schlich Lasse sich hinaus und kam nach einer Weile, als Weihnachtsmann verkleidet und mit einem großen Sack auf dem Rücken, wieder.

„Gibt es hier artige Kinder?", fragte er.

„Ja, zwei Stück", sagte Bosse, „aber hier gibt's auch noch einen richtigen Flegel, der Lasse heißt. Zum Glück scheint er im Augenblick weggegangen zu sein."

„Von dem habe ich schon gehört", sagte der Weihnachtsmann. „Dieser Lasse ist der beste Junge, der im ganzen Land zu finden ist. Er soll mehr Weihnachtsgeschenke bekommen als irgendein anderer."

27

Er bekam nicht mehr. Wir bekamen alle gleich viele Weihnachtsgeschenke. Ich bekam eine neue Puppe, drei Bücher, ein lustiges Spiel, Kleiderstoff, Handschuhe und alles Mögliche.

Im Ganzen bekam ich fünfzehn Weihnachtsgeschenke. Für Mama hatte ich ein Kreuzstichdeckchen gemacht. Sie freute sich sehr darüber. Für Papa hatte ich einen Kalender gekauft. Auch er freute sich sehr. Ich bin froh, wenn Menschen sich über meine Weihnachtsgeschenke freuen. Das ist genauso schön, als wenn man selbst Weihnachtsgeschenke bekommt. Lasse und Bosse bekamen große bunte Glasmarmeln von mir.

Später tanzten wir um den Weihnachtsbaum und vom Nordhof und vom Südhof kamen alle und halfen uns dabei. Großvater kam auch, obwohl er nicht tanzen konnte. Ich glaube, wir haben wenigstens zwanzigmal getanzt und dazu gesungen.

Später am Abend baute ich alle meine Weihnachtsgeschenke auf dem Tisch neben meinem Bett auf. Ich wollte sie sofort sehen können, wenn ich am nächsten Morgen aufwachte.

Weihnachten ist herrlich. Eigentlich ist es schade, dass nicht ein bisschen öfter Weihnachten ist.

4

Janosch
Der Bär und der Vogel

Es war einmal ein Bär, der lebte ungefähr eine Meile weit weg von den Leuten am Fuße eines Berges in seiner Höhle.

Im Sommer ging es ihm gut, denn er hatte eine Bienenzucht und deswegen beinah immer so viel Honig, wie er nur wollte. Denn Honig war seine Leibspeise. Auch sammelte er Beeren im Wald, fing am Fluss Forellen, kurzum: Im Sommer lebte er dort wie im Paradies.

Dazu kam, dass die anderen Waldtiere und nicht zuletzt die Leute vom Dorf ihn gut leiden konnten, denn er war friedlich, leutselig, immer zu einem kleinen Spaß aufgelegt. Bosheit und Hinterlist kannte er nicht, und wenn ihn selbst einer einmal hänselte, foppte, ihm gar einen Streich spielte, verzieh er's ihm schnell, denn wenn's dem Bären gut geht, braucht er niemanden zu beißen.

Er war, und das darf hier auch gesagt werden, für die anderen Tiere im Wald wie ein lieber Großvater. Wenn er abends vor seiner Höhle saß und der Sonne zuschaute, wie sie unterging, kam der eine oder andere und flüsterte ihm seine Sorgen ins Ohr. Und schon war alles besser.

Und dann kam der Winter.

Auch da ging es ihm nicht schlecht. Denn er hatte einen warmen Pelzmantel aus Bärenfell, und weil er nicht dumm war, hatte er im

Sommer kleine Vorräte angelegt. Hatte Beeren getrocknet und daraus, vermischt mit Honig, eine fabelhafte Winterspeise bereitet. Hatte Laub in die Höhle getragen, damit es ihm nicht von unten her kalt werden konnte. Hatte auch saubere und glatt gestrichene Blätter von Buchen gesammelt, auf denen er im Winter die Geschichten des letzten Sommers lesen konnte, die Käfer und Würmer dort hineingeschrieben hatten.

Auch der Winter war also keine schlechte Zeit für den Bären. Und dann kam so ein Winter, der war kälter als jeder Winter zuvor. Der

Wind hatte ihm den Schnee bis direkt vor sein Bett geweht. Die Luft war wie kaltes Glas und im Wald war es still, still. Als ob es auf der Welt keine Töne mehr gäbe. Weil sie in der Luft erfroren. Weil sie tot in den Schnee fielen. Und wenn der Bär hinauswollte vor seine Höhle, musste er sich durch den Schnee graben.

Und dann kam die große Heilige Nacht.

Der Mond stand oben allein, und weit, weit weg flimmerten die Sterne, heller als sonst und ganz klar.

Dem Bären war es so kalt wie nie zuvor und er redete mit sich selbst. Das macht manchmal etwas warm.

„Ich werde in das Dorf gehen. Vielleicht treffe ich einen, den ich kenne, und er nimmt mich mit nach Haus an den warmen Ofen. Oder wir wärmen uns gegenseitig Fell an Fell. Vielleicht schenkt mir einer eine Brotsuppe. Das wärmt auch. Also los, alter Bär, mach dich auf die Pfoten!"

Er rieb sich die Nase warm und grub sich aus der Höhle. Kalt war es. Viel kälter, als er innen in der Höhle gedacht hatte.

„Will jemand mit mir ins Dorf gehen ... hen ...", rief er in den Wald hinaus, aber das Echo kam sofort zurück, war gar nicht weit gekommen, war an der Kälte zurückgeprallt.

„Dort ist heut Weihnachten", rief der Bär. Etwas leiser jetzt.

„Ist da niemand ..."

„Niemand ...", rief das Echo zurück, und das Wort fiel erfroren in den Schnee, keiner hat es gehört.

Da stapfte der Bär allein los, ging den Fluss entlang über die schmale Brücke, noch eine Meile weit, im Sommer ein Weg nicht einmal zu lang für eine Maus. Aber jetzt so weit wie von hier bis zum Himalaja. Und für einen allein zu gehen doppelt so lang.

Manchmal blieb er stehen, legte die Pfoten an die Schnauze und rief:

„Ist da niemand, der mitgeht in das Dorf? Keiner? Heut ist Weihnachten bei den Menschen. Ein schönes Fest…"

Niemand, keiner kam, und als es immer kälter wurde, der Weg ohne Ende war, fiel der Bär nach vorn und konnte nicht mehr weitergehen. Da kam ein kleiner Vogel gehüpft. Setzte sich auf sein Ohr, war ein Hänfling. Er kannte den Bären vom Sommer her. Sie hatten sich manchmal die Beeren geteilt, die der Bär gesammelt hatte:

„Eine ich und zwei du. Eine ich und zwei du…"

„Kalt ist", sagte der Vogel. „Trag mich ein Stück, Bär! Kann nicht mehr fliegen wegen der Kälte. Und ich sing dir was vor, ja!"

Da stand der Bär wieder auf, nahm den federleichten Vogel auf die Pfote, hauchte ihn warm, und der Vogel sang ihm ein Lied ins Ohr. Wie früher, wie im Sommer. Das wärmt.

Der Bär ging weich und vorsichtig, um das Lied nicht zu stören.

Es war mitten in der Nacht, als sie ins Dorf kamen. Die Leute waren in der Kirche und sangen.

Aber der Küster ließ die beiden nicht hinein. „Bären und Vögel haben hier keinen Zutritt", sagte er. „Das ist eine Vorschrift und ich kann keine Ausnahme machen. Geht einfach nicht. Alte Frauen könnten sich ängstigen. Morgen vielleicht, wenn die Kirche leer ist oder wenn mehr Kinder da sind, die würden sich vielleicht freuen. Aber heut nicht, heut nicht."

Schlug die Tür zu und war weg.

Dem Bären und dem Vogel war's inzwischen egal. Sie spürten die Kälte nicht mehr, denn wenn du einen Freund gefunden hast, ist alles nicht mehr schlimm. Sie setzten sich neben die Kirche und im

Auge des Bären war so ein schönes Licht, an dem der Vogel sich die Flügel wärmen konnte. Jetzt hätte er wieder fliegen können unter ein warmes Dach, aber er blieb. Der Himmel war das Dach über ihrem Haus und die Welt hatte keinen Anfang und kein Ende.

Dann kamen die Mütter und Väter mit ihren Kindern aus der Kirche.

„Was ist denn dort mit dem Bären?", fragten die Kinder.

„Ist der echt, er bewegt sich ja gar nicht."

Die Mütter und Väter zogen die Kinder an den Händen weg, es war schon spät und es war kalt:

„Na los, kommt schon."

Als das Lied des Vogels immer leiser wurde und der Bär sah, dass der Vogel die Augen schon zuhatte, verbarg er ihn vorsichtig und warm zwischen seinen Pfoten. Rührte sich nicht, um ihn nicht zu wecken.

Aber auch dem Bären fielen bald die Augen zu, und sie träumten von einem Engel, der sie wegtrug. Am nächsten Tag waren sie nicht mehr da.

Paul Maar
Der doppelte Weihnachtsmann

Ich muss ungefähr sechs Jahre alt gewesen sein, als ich anfing nicht mehr so recht an den Weihnachtsmann zu glauben.

„Gibt es den Weihnachtsmann eigentlich wirklich?", fragte ich Mama, als wir am Nachmittag gemütlich zusammensaßen und Weihnachtsschmuck bastelten.

„Du hast ihn doch oft gesehen", sagte Mama. „Erinnerst du dich nicht an letztes Weihnachten, wie er hereinkam hier ins Zimmer, mit seinem langen Mantel und seinem weißen Bart? Wir haben doch zusammen Weihnachtslieder gesungen."

„Jaja", sagte ich. „Aber wie viel Weihnachtsmänner gibt es eigentlich?"

„Wie viele? Natürlich nur einen. Den Weihnachtsmann!", sagte sie.

„Und der kommt auch zum Klaus?", fragte ich weiter. Klaus war mein Freund. Er wohnte ein paar Häuser weiter.

„Ja, natürlich", sagte Mama.

„Und zur Elke nach Paderborn auch?" Elke war vor zwei Monaten mit ihren Eltern nach Paderborn gezogen.

„Ja, zu Elke auch", sagte Mama.

„Und zu den Kindern in München und in Hamburg?", fragte ich.

„Zu denen kommt er auch!"

„Wie kann er denn am gleichen Abend in München und in Hamburg und in Paderborn sein?", fragte ich.

„Wie er das kann, weiß ich auch nicht", sagte Mama. „Er kann es halt. Dafür ist er eben der Weihnachtsmann. Als Weihnachtsmann kann er vielleicht an zwei Orten gleichzeitig sein."

Damit waren meine Zweifel aber noch lange nicht verschwunden. Ich hatte sogar einen bestimmten Verdacht.

„Wieso ist Papa eigentlich nie dabei, wenn der Weihnachtsmann kommt?", fragte ich.

Mama tat erstaunt. „Ist er denn nie dabei?", fragte sie.

„Nein", antwortete ich. „Jedes Mal sagt er am Weihnachtsabend, er müsse noch was erledigen, und dann geht er weg. Und gleich darauf kommt dann der Weihnachtsmann. Und wenn der Weihnachtsmann mit dir und mir Lieder gesungen hat und wieder weggegangen ist, dann kommt Papa zurück und fragt uns, wie es denn gewesen sei mit dem Weihnachtsmann!"

„So ein Zufall!", sagte Mama. „Ich werde Papa sagen, dass er diesmal dableiben soll, wenn der Weihnachtsmann kommt."

Als Papa am Abend nach Hause gekommen war, hörte ich die beiden in der Küche halblaut miteinander reden. Ich ging leise zur offenen Küchentür um zuzuhören.

„Du kannst es jedenfalls nicht mehr machen", sagte Mama gerade zu Papa. „Er hat etwas gemerkt."

„Aber wer denn dann?", fragte Papa.

„Vielleicht Robert?", sagte Mama. „Wir haben Robert doch sowieso zu Weihnachten eingeladen. Da kann er ja…" In diesem Augenblick sah sie mich in der Tür stehen, brach mitten im Satz ab und sagte zu mir: „Du musst jetzt mal in dein Zimmer gehen. Wir wollen gerade etwas Wichtiges besprechen. Etwas, das nur die Erwachsenen angeht."

Damit schob sie mich in mein Zimmer und ich konnte nicht erfahren, was die beiden wohl besprechen wollten.

Drei Tage später war Weihnachtsabend. Wir saßen im Esszimmer und warteten auf den Weihnachtsmann. Und auf Onkel Robert. Onkel Robert war der Bruder von Papa. Er wollte dieses Weihnachten mit uns feiern.

„Wo Robert nur bleibt?", sagte Papa und schaute auf die Uhr. „Er wollte doch schon längst da sein."

„Es schneit. Vielleicht kommt er mit dem Auto nicht durch", sagte Mama.

„Hoffentlich hast du nicht Recht", meinte Papa und schaute wieder auf die Uhr.

Wir warteten eine Viertelstunde, eine halbe Stunde, und ich fragte alle fünf Minuten, wann denn der Weihnachtsmann käme. Aber er kam nicht. Und Onkel Robert auch nicht.

Papa wurde immer ungeduldiger. Plötzlich sprang er auf, ging aus dem Zimmer und rief uns im Hinausgehen zu: „Ich muss noch 'ne Kleinigkeit erledigen. Es dauert nicht lange, ich bin gleich wieder da!"

Ich fand es sehr schade, dass Papa gerade jetzt wegmusste. Ich hatte Sorge, der Weihnachtsmann könnte vielleicht wieder gerade dann kommen, wenn Papa weg wäre. Und wirklich: Papa war kaum fünf Minuten aus dem Zimmer, da klopfte es an die Tür und der Weihnachtsmann kam herein.

Es war wie jedes Jahr: Erst fragte er mich, ob ich auch immer schön brav gewesen wäre. Dann sangen wir zusammen „Stille Nacht" und dann gingen alle hinüber ins Weihnachtszimmer.

Nach einer Weile sagte Mama: „So, lieber Weihnachtsmann, jetzt hast du dir einen ordentlichen Schluck verdient, jetzt darfst du in die Küche gehen und was trinken!" Und der Weihnachtsmann ging in die Küche.

Kaum war der Weihnachtsmann hinter der Küchentür verschwunden, da hörten Mama und ich vom Flur her laute Schritte und Gepolter.

„Um Gottes willen!", rief Mama, irgendwie erschrocken. „Nein, Robert…"

Da ging die Tür auf. Aber es war nicht Robert, der hereinkam, sondern der Weihnachtsmann. Weiß der Himmel, wie er es geschafft hatte, von der Küche aus in den Flur zu kommen! Vielleicht war er aus dem Küchenfenster gestiegen und zum Flurfenster wieder herein.

Er kam direkt auf mich zu. Ich war so damit beschäftigt, meine Geschenke auszupacken, dass ich ihn gar nicht weiter beachtete. Schließlich hatten wir uns ja eben lange unterhalten und zusammen ein Lied gesungen!

„Na, willst du denn gar nicht aufstehen?", fragte der Weihnachtsmann mit tiefer Stimme und baute sich vor mir auf.

Erstaunt stellte ich mich vor ihn hin.

„Nun, bist du denn auch immer brav gewesen?", fragte er und schaute mich streng an.

„Das hab ich dir gerade doch schon gesagt", sagte ich erstaunt.

„Wann gerade?", fragte der Weihnachtsmann.

„Na eben", sagte ich. „Bevor wir zusammen gesungen haben."

„Wann sollen wir gesungen haben?", fragte der Weihnachtsmann ganz ratlos.

Ich wusste nicht, ob er wirklich so vergesslich war oder ob er vielleicht einen Spaß machen wollte. Ich sagte mal überhaupt nichts.

„Was haben wir denn angeblich gesungen?", fragte der Weihnachtsmann weiter.

„Na ‚Stille Nacht, hei…'" So weit war ich gerade gekommen, da schaute ich zufällig zur Küchentür hinüber. Und da sah ich etwas so Verwunderliches, dass ich aufhörte zu reden und mit offenem Mund staunte. Mama hatte doch Recht gehabt! Der Weihnachtsmann konnte wirklich an mehreren Orten gleichzeitig sein. Denn der Weihnachtsmann stand nicht nur vor mir, mit seinem langen Mantel und seinem weißen Bart, er stand auch gleichzeitig in der Küchentür, hatte ein Glas Wein in der Hand und schaute verblüfft zu uns ins Zimmer.

Als der Weihnachtsmann sich sah (oder muss man sagen: Als die

Weihnachtsmänner einander sahen?), machten beide kehrt, gingen hastig aus dem Zimmer und klappten die Tür hinter sich zu.

Nach einer Weile kam Papa zurück. Und mit ihm Onkel Robert, der inzwischen auch eingetroffen war.

„Stellt euch vor, ich habe den Weihnachtsmann doppelt gesehen!", erzählte ich ihnen gleich aufgeregt.

Aber sie gingen gar nicht darauf ein, sondern meinten nur, es sei höchste Zeit, dass wir nach all diesen Aufregungen mit dem Weihnachtsabendessen begännen.

Was sie allerdings mit „Aufregungen" meinten, ist mir nie ganz klar geworden. Denn schließlich waren Papa und Onkel Robert ja gar nicht dabei gewesen, als ich diese aufregende Weihnachtsmannverdopplung erlebte!

BETTINA OBRECHT
Wer Pech hat, wird geküsst

Ich werde später mal Schauspielerin. Wenn ich erst mal berühmt bin, macht es mir auch nichts mehr aus, dass mich alle Leute anschauen. Aber jetzt bin ich ja noch nicht berühmt. Deswegen macht es mir noch was aus. Außerdem spiele ich keine verliebte Heldin, sondern nur Flöte. Ich spiele dauernd falsch. Natürlich spiele ich dauernd falsch. Nur gut, dass die anderen auch so falsch spielen wie ich. Obwohl wir die Stücke so lang geübt haben. Und obwohl unser Flötenlehrer Herr Anderle unter seinen aufgeklebten Nikolausaugenbrauen so heftig mit den Augen rollt. Aber ehrlich: Kann irgendein Flötenspieler auf der Welt richtig feierlich Flöte spielen, wenn sich sein Publikum so komisch benimmt? Von den ungefähr hundert Leuten, die vor uns im weihnachtlich flimmernden Saal sitzen, sind bestimmt schon zwanzig eingeschlafen. Einige von ihnen schnarchen heftig. Noch mal zwanzig schniefen und heulen. Manche eher heimlich und leise, die anderen ziemlich laut. Andauernd schnäuzt sich jemand heftig. Das ist viel lauter als fünfzehn Flöten. Und wer nicht schläft oder heult, macht was ganz anderes. Am schlimmsten ist die Frau ganz vorne links. Die, die so aussieht, als wäre sie extra zum Konzert aus dem Grab gestiegen. Die redet die ganze Zeit laut vor sich hin.

Manchmal reißt sie die Arme hoch und stößt ein wildes Gelächter aus. Ihre dicke Nachbarin schubst sie dann und guckt ganz böse. Wenn sie geschubst worden ist, sitzt sie eine Weile ruhig da und sabbert. Es ist total ekelhaft. Und dabei soll ich feierlich Flöte spielen.

Ich müsste ja nicht hingucken.

Aber ich muss natürlich dauernd hingucken.

Weil die Sabberfrau nämlich meine Oma ist.

Außer mir weiß das keiner. Nicht mal die Frau selber. Die erinnert sich überhaupt nicht an mich. Deswegen habe ich sie ja nie mehr besucht, seit sie hier wohnt. Es hat keinen Sinn, eine Oma zu besuchen, die einen gar nicht mehr kennt, finde ich. Ich weiß nicht, ob Papa noch ab und zu vorbeikommt. Meinen Papa treffe ich nur alle paar Wochen mal. Als Oma noch in ihrer Wohnung gelebt hat, war ich auch selten bei ihr. Papa hat ja damals schon woanders gewohnt.

Das letzte Lied – „Es ist ein Ros' entsprungen" – haben wir glücklich hinter uns. Herr Anderle wischt sich mit seinem Nikolausärmel den Schweiß von der Stirn. Bestimmt würde er uns gerne mit seiner Rute dafür bestrafen, dass wir so falsch gespielt haben. Das Publikum klatscht. Komisch. Klatschen tun sie alle. Außer denen, die gerade schlafen. Die Frau, die meine Oma ist, schlägt auch ein paarmal ihre Hände zusammen. Allerdings

ganz langsam, wie in Zeitlupe. Wahrscheinlich kapiert sie überhaupt nicht, was los ist.

Ich wollte ja gleich nicht mitspielen beim Nikolauskonzert. Weil das doch gar keinen Sinn hat. Weil wir sowieso alle falsch spielen. Und weil die doch alle einschlafen. Aber dann ist mir eingefallen: Es weiß ja keiner, dass meine Oma dabei ist.

„Vielen Dank!", brummt Herr Anderle. Wenn er seine Stimme so verstellt, kann man richtig Angst bekommen. „Und nun werde ich doch gleich mal in meinen großen Sack schauen."

Es ist ziemlich peinlich. Kindisch. Aber die alten Leute sehen ganz gespannt zu, wie Herr Anderle seinen dicken Sack vom Bühnenrand in die Mitte zerrt. Jedenfalls die, die gerade nicht schlafen. Die Sabberfrau sitzt ausnahmsweise auch ganz ruhig. Sie lächelt sogar ein wenig. Wahrscheinlich freut sie sich auf ihr Geschenk. Dabei ist es nur was zu essen.

Herr Anderle greift in seinen Sack und zieht gleich drei in raschelndes Zellophan gehüllte Fresspakete raus. Er hält sie mir hin. Ich nehme sie und bringe sie zum nächsten Tisch.

„Danke schön, mein Engel!", sagt eine der alten Frauen, die am Tisch sitzen.

„Ich will auch eins!", schreit ein Mann von ganz hinten. Er ist aufgestanden und streckt die Hand in die Luft, als wäre er in der Schule.

„Hier! Hier! Ich! Ich!"

Ich werde bestimmt rot, so schäme ich mich für ihn. Gut, dass ich gleich wieder auf der Bühne bin. Jetzt sind die anderen dran.

„Wenn man Pech hat, wird man geküsst!", flüstert mir Marco zu und schüttelt sich. „Letztes Jahr hat mich eine abgeknutscht."

„Welche denn?", flüstere ich.

Marco zuckt mit den Schultern. Vielleicht war es ja meine Oma. Vielleicht hat meine Oma Marco geküsst. Aber das kann mir egal sein.

Jetzt kommt das Schlimmste. Jeder von uns muss sich ganz allein an einen Tisch mit lauter fremden alten Leuten setzen, Christstollen essen und Pfefferminztee trinken und freundlich lächeln. Weil wir von der Flötengruppe nur so wenige sind und die aus dem Pflegeheim so viele.

„Ich geh hinten in die Ecke", flüstert Marco. „Die Frauen da sehen ganz okay aus."

Er schlurft los. Vielleicht setzt er sich zu meiner Oma. Da kann sie ihn auch gleich wieder küssen. Ich gehe langsam hinterher. Marco geht an der Sabberfrau vorbei. Ich weiß noch nicht, wo ich mich hinsetze. Die Sabberfrau sehe ich vorsichtshalber nicht an.

Ich bin fast vorbei, da spüre ich, dass mich jemand am Sweatshirt festhält.

Ich muss hingucken, ob ich will oder nicht.

„Manfred?", flüstert die sabbernde alte Frau.

Sie sabbert überhaupt nicht. Nicht mal ihr Kinn ist nass. Das habe ich von der Bühne aus ganz falsch gesehen.

„Manfred?"

Marco dreht sich um und grinst breit.

„Sie denkt, du bist ein Junge."

Ich weiß überhaupt nicht, was ich machen soll. Ich traue mich nicht, mich loszureißen. Ich bleibe einfach stehen, und die knochige Hand zerrt weiter an meinem Sweatshirt.

„Ihr Sohn heißt Manfred", sagt die dicke Frau. „Der kommt aber nie. Die kommen sowieso nie."

Jetzt könnte ich sagen, dass Manfred mein Vater ist. Ich sage aber nichts. Ich gebe nur dem Gezerre von Omas Hand nach und setze mich an den Tisch. Neben meine Oma. Wenn Herr Anderle wirklich der Nikolaus wäre, müsste er spätestens jetzt seine Rute auspacken. Weil ich immer noch so tue, als würde ich meine Oma nicht kennen und Manfred auch nicht.

„Ihr habt wunderschön gespielt", sagt die dicke Frau und schubst meine Oma. „Frau Mahler, sagen Sie ihr, dass sie schön gespielt hat!"

Wenn die dicke Frau bloß nicht dauernd meine Oma schubsen würde! Oma schaut sie ganz ängstlich an.

„Manfred hat schon so gut Fußball gespielt, als er noch ganz klein war", sagt sie. „Er kommt bestimmt mal in die Nationalmannschaft."

Papa in der Nationalmannschaft? Schwitzend, in kurzen Hosen, mit einer Bierreklame auf dem Rücken? Papa spielt doch nur am Computer. Na, vielleicht spielt er mit seinen neuen Kindern Fußball. Mit mir geht er immer nur in die Stadt, Eis essen. Dazu muss er nicht mal seine Krawatte ausziehen. Vielleicht meint die alte Frau ja doch nicht meinen Papa. Vielleicht ist das gar nicht meine Oma. Die habe ich ja so lange nicht gesehen. Kann schon sein, dass ich sie verwechsle.

„Hat Manfred gerne Eis gegessen, als er klein war?", frage ich Oma. Und dann beiße ich mir auf die Unterlippe. Weil ich doch gar nicht mit Oma reden wollte. Sonst merkt noch jemand was. Und wenn Marco rauskriegt, dass ausgerechnet die durchgeknallteste Frau im ganzen Saal meine Oma ist, weiß es morgen die ganze Klasse.

Oma antwortet nicht. Sie starrt auf den Christstollen, als würde sie die Rosinen zählen. Es sind nicht viele drin.

„Ein schöner Mann, euer Lehrer", sagt die Dicke und seufzt. Obwohl man Herrn Anderle unter dem langen weißen Bart, den strup-

pigen Augenbrauen und der roten Kapuze gar nicht erkennt. Ich hebe meine Teetasse an den Mund, damit ich nichts mehr sagen muss. Der Nikolaus geht jetzt durch die Reihen und grüßt mit seiner Rute. Meine Oma klammert sich wieder an meinem Arm fest.

„Ich habe Angst!", sagt sie weinerlich.

„Der ist doch gar nicht echt!", sagt die Dicke und schubst Oma schon wieder. „Stellen Sie sich doch nicht so an!"

„Du brauchst keine Angst zu haben, Manfred", sagt Oma. „Das ist kein echter Nikolaus."

Und sie legt ihren Arm um mich.

Ich will mich gleich losmachen, weil ich es gar nicht leiden kann, wenn mich fremde Leute anfassen.

„Sie hat halt niemanden." Die Dicke stopft sich ein Stück Christstollen in den Mund. „Jetzt lassen Sie das Mädchen los, Frau Mahler!"

Das sagt sie mit vollem Mund. Und schubst meine Oma. Ich werde langsam wütend.

„Das macht mir gar nichts aus", sage ich laut.

„Dabei hat sie einen Sohn und mehrere Enkel." Die Dicke pult mit den Fingern in ihrem Gebiss. Wahrscheinlich hat sich eine Rosine festgeklemmt. „Die kommen sie nie besuchen. Meine Kinder kommen immer. Die haben mich nicht vergessen."

„Frau Mahlers Familie hat sie auch nicht vergessen", sage ich. „Frau Mahler hat nämlich eine Enkelin. Die denkt immer an sie."

Und das ist jetzt wirklich so doll gelogen, dass die Nikolausrute wie ein Funken sprühender Zauberbesen durch die Luft fliegen und mir den Hintern versohlen müsste.

Die Dicke sieht mich misstrauisch an.

„Kennst du die denn?"

Ich nicke.

„Sie kommt ihre Oma sogar besuchen", sage ich. „Nächste Woche kommt sie. Das hat sie mir selbst gesagt."

„Das wird aber auch Zeit", sagt die Dicke. Oma hält sich immer noch an mir fest. So fest, dass ich sie riechen kann. Der Geruch kommt mir irgendwie bekannt vor.

„Sie kommt ganz sicher", sage ich noch mal.

Alte Leute sind sehr vergesslich. Die wissen manchmal schon einen Tag später nicht mehr, was man ihnen erzählt hat.

Aber Nikoläuse nicht.

Nikoläuse merken sich alles.

7

Hans Peterson
Malins Weihnachtsgeschenk

Die Schule war in einem kleinen roten Haus. In diese Schule ging Malin. Sie war neun Jahre alt. Am zweiten Juli hatte sie Geburtstag. Mitten im Sommer.

Malin hatte ein Geheimnis. Aber das erzählte sie niemandem.

Ja, eine Weile hatte sie sogar zwei Geheimnisse.

Das eine hätte sie fast Johan erzählt. Das war, als das erste Schuljahr vorbei war. Alle in der Klasse hatten ihre Sonntagskleider an. Die Lehrerin trug ein Kleid mit Blumen drauf. In einer Vase steckte ein großer Strauß Flieder. Der duftete durch das ganze Schulzimmer.

Malin hätte fast geweint. Der Sommer war so lang. Es würde lange dauern, ehe die Schule wieder anfing. Sie musste einfach nach vorn gehen und die Lehrerin ganz fest umarmen.

Dann gingen sie zur Kirche. Dort spielte Anderson auf der Orgel. Malin wusste, dass es Anderson war. Obwohl sie ihn nicht sehen konnte.

Und er spielte so, dass die ganze Kirche voller Musik war. So etwas Wunderbares hatte Malin noch nie gehört. Die Sonne leuchtete durch die Fenster der Kirche und mitten hinein in die Musik, die aus der Orgel floss.

Malin wurde fast krank. Die hellen Härchen auf den Armen richteten sich auf. Sie kriegte eine Gänsehaut. Sie zitterte am ganzen Körper. Sie fror und konnte fast nicht atmen.

„Hast du schon mal so was Wunderbares erlebt?", fragte Malin Johan, als sie die Kirche verließen.

„Weil wir Sommerferien haben? Ja, das ist wunderbar", sagte Johan und fing an auf der Stelle zu hüpfen.

„Nein, die Musik", sagte Malin.

„Welche Musik?", fragte Johan.

Da begriff Malin, dass Johan nicht dasselbe gefühlt hatte wie sie.

Den ganzen Sommer suchte Malin nach ihrer Musik. Manchmal kam ein bisschen im Fernsehen. Manchmal hörte sie ein bisschen im Radio. Nisse, der fünf Jahre älter war, hatte ein Tonbandgerät. Aber er mochte nur die Musik, die die anderen mochten. Wonach Malin sich sehnte, das war etwas ganz anderes.

Aber das sagte sie zu niemandem. Es blieb ein Geheimnis. Ein bisschen komisch war das. Sie mochte Musik, die sonst niemand mochte. Aber daran war wohl nichts zu ändern.

Die Sommerferien waren jedenfalls gar nicht so lang. Plötzlich fing die Schule wieder an. Die Lehrerin war braun gebrannt und trug ein gelbes Kleid. Sie war sehr hübsch.

Dann wurde es Herbst und Weihnachten und Winter und Frühling.

Malin war unruhig, als das Ende des Schuljahrs kam. Sie war unruhig, als sie in die Kirche ging, und sie war unruhig, bis Anderson anfing zu spielen. Da wurde sie ganz ruhig. Es war genauso wunderbar wie im letzten Jahr.

Malin fand, dass die Musik ihr durch und durch ging. Als ob sie selbst zu Musik würde. Der ganze Körper und der ganze Kopf waren voller Musik.

In dem Sommer starb die alte Frau Bergman, die im Haus nebenan wohnte. Neue Nachbarn zogen ein. Sie hießen Jönsson und hatten keine Kinder. Aber sie hatten ein Klavier.

Und gleich am ersten Abend spielte Frau Jönsson auf dem Klavier. Malin setzte sich auf den Rasen. Aus dem offenen Fenster kam die richtige Musik. Solche Musik wie in der Kirche. Obwohl es ein Klavier und keine Orgel war.

Malin stand auf, ging langsam durch das Gartentor, um die Hausecke und in das Haus von der alten Frau Bergman.

Da saß Frau Jönsson und spielte. Obwohl die Kisten und Möbel noch in einem einzigen Durcheinander herumstanden. Und sie hörte auch nicht auf zu spielen, obwohl Malin ins Zimmer kam. Sie lächelte nur und spielte und spielte. Während Herr Jönsson Bilder und Gardinen aufhängte.

„Du magst Musik wohl sehr", sagte Herr Jönsson.

„Jaa", flüsterte Malin. „Aber nur diese Musik."

„Das ist Mozart", sagte Frau Jönsson und drehte sich um. „Spielst du auch?"

Malin schüttelte den Kopf.

„Komm", sagte Frau Jönsson und setzte Malin auf den Stuhl. „Jetzt spielst du."

Malin sah sie an. Aber Frau Jönsson machte keinen Spaß.

Malin schlug eine weiße Taste an und dann eine schwarze. Und mehr schwarze und mehr weiße, bis das ganze Zimmer voller Töne war. Nein, das klang nicht wie in der Kirche. Oder so wie Frau Jönssons Musik. Aber es klang.

In diesem Herbst lernte Malin Variationen über „Morgen kommt der Weihnachtsmann" auf dem Klavier spielen. Frau Jönsson brachte es ihr bei. Und das war das zweite Geheimnis. Bis Weihnachten.

Malin übte und übte und übte. Und als Weihnachten kam, konnte sie es. So leicht wie nur was.

Heiligabend, als Mama und Papa und Großvater und Nisse und Malin gerade zu Mittag gegessen hatten, klingelte Frau Jönsson an der Tür.

„Malin hat ein Weihnachtsgeschenk für Sie. Ein Geheimnis. Das will sie Ihnen bei uns zeigen. Können Sie nicht alle miteinander zum Kaffee herüberkommen?"

Mama und Papa verstanden gar nichts. Und Nisse kam nicht mit. Aber die anderen gingen zu Jönssons. Und da setzte Malin sich ans Klavier und spielte. Langsam und weich und vorsichtig. Aber ganz richtig.

„Ja, was ist das denn?", sagte Mama.

„Wir haben den ganzen Herbst geübt. Malin kann mehrere kleine Stücke von Mozart", sagte Frau Jönsson.

„Aber warum sollte sie spielen?", sagte Papa. „Wir haben ein Tonbandgerät und ein Transistorgerät und Radio und Fernsehen und Schallplatten."

„Aber das ist nicht meine Musik", sagte Malin langsam. „Und diese Musik hab ich gemacht. Nach diesen Noten."

„Du hast einen komischen Geschmack", sagte Großvater. „Das ist doch weder Pop noch Rockmusik oder ABBA."

Aber Malin wurde weder böse noch unsicher oder traurig. Frau Jönsson, die Anna hieß, mochte Mozart. Dann konnte Malin ihn auch mögen. Sie war nicht allein mit ihrem Geschmack, nicht mehr.

Obwohl Mama und Papa und Großvater sie ansahen und den Kopf schüttelten.

Dann spielte sie noch ein Stück von Mozart.

Aber in der Schule erzählte sie niemandem von ihrer Musik. Das blieb ein Geheimnis. Niemand in der Schule sollte es wissen.

Erst viele Jahre später, als sie mit der Schule fertig waren. Es gab eine große Abschlussfeier. Da saß Malin vorn am Klavier und spielte ein langes Stück von Mozart. Mama und Papa saßen dabei und nickten und waren sehr stolz.

Aber richtig haben sie Malins Geheimnis wohl nie verstanden. Oder wie man so voll von Musik sein kann, dass der Körper zittert und die Härchen auf den Armen sich aufrichten.

Thomas Schmid
Gelbe Engel

In diesem Jahr freute sich Isa überhaupt nicht auf Weihnachten. Am ersten Advent war Papa abgereist. Mit seinem Chef nach Südkorea. Er würde erst an Silvester wiederkommen. Zum Abschied hat Isa von Papa ein Handy gekriegt, im Voraus schon zu Weihnachten. Aber was war das für ein blödes Weihnachten ohne Papa.

Um auf dem Flughafen nicht zu weinen, hatte Isa schlaue Dinge gesagt. „Eigentlich heißt Advent ‚Ankunft', das haben wir in der Schule gelernt." Dabei hatte sie auf Papas Schuhbänder geguckt und gedacht, Ankunft und nicht Abschied. Und Mama hatte auf Papas Krawatte geguckt und daran rumgezupft und beim letzten Umarmen hatten sie gelacht und so getan, als würden sie koreanisch reden.

Das Handy war wie ein Adventskalender. Jeden Tag kam eine Nachricht von Papa. Mal seine Stimme, mal ein Bild, mal ein Gedicht. Aber Weihnachten würden sie trotzdem ohne ihn feiern müssen.

Isa ließ ihre Schultasche auf den Küchenboden plumpsen. „Endlich Ferien."

„Und Urlaub." Mama hatte ihre Schlabber-Latzhose an und ein altes T-Shirt von Papa. So wäre sie nie ins Büro gegangen. Aber das

würde Mama erst nächstes Jahr wieder betreten. Also nach Silvester. Sie sah blass aus so ohne Make-up.

Mama und Isa bereiteten das Geschenk für Oma und Opa vor. An Weihnachten würden sie bei Isas Großeltern sein. Nicht bei sich zu Hause. Papa würde in Korea feiern und sie in Waldkraiburg. Sozusagen um die ganze Welt verteilt.

Isa klebte einen selbst gemalten Tannenbaum-Aufkleber auf die Weinflaschen für Opa. Mama packte die Pinienkerne in Seidenpapier ein. Isa wickelte Geschenkband um die Salami vom Italiener. Mama knotete ein goldenes Glöckchen an den türkischen Honig. Dann verstauten sie all die Sachen in dem bunten Bastkorb aus dem Dritte-Welt-Laden.

Am Abend stellte Mama den Korb für Opa auf die Rückbank vom Auto. Isa legte die große blaue Duftkerze für Oma daneben.

Es schneite. Kleine leichte Flocken. Leise rieselt der Schnee, dachte Isa. Und sie dachte an Korea. Und natürlich an Waldkraiburg. Die Landkarte lag auf ihrem Schoß und sie konnte mit dem Finger genau verfolgen, auf welcher Landstraße sie gerade fuhren, welche Städte und Dörfer noch vor ihnen lagen und welche bereits hinter ihnen. Aus dem Radio kam Weihnachtsmusik und die Scheibenwischer wischten wie zwei Tänzer im Takt dazu über die Scheiben.

Bei „Jingle, Bells" sangen Isa und Mama laut mit. „Jingle, bells! Jingle, bells! Jingle all the way …"

Ganz heimlich war Isa traurig. Die „Jingle, Bells"-Melodie war als Klingelton in ihr Handy eingegeben. Aber das Handy sang nicht mit.

Es sah aus, als würden die Schneeflocken nicht vom Himmel herunterfallen, sondern aus der Mitte der Dunkelheit genau auf sie zufliegen.

„Oh, what fun it is to ride in a one-horse open sleigh", sang Isa und es hörte sich nicht englisch an, sondern irgendwie koreanisch.

Da schrie Mama mittendrin „Vorsicht!" und bremste. Im Lichtkegel der Scheinwerfer sah Isa einen Mann mit einer Flasche in der Hand. Mama riss das Lenkrad herum, sie sausten von der Straße.

Die Schneeflocken wirbelten aus allen Richtungen.

Der Motor war ausgegangen. Nur das Radio spielte noch.

Mama schlug mit beiden Händen auf das Lenkrad. „Scheiße!"

„Sagt man nicht!", sagte Isa.

„Hoffentlich ist dem Mann nichts passiert!" Mama startete den Wagen wieder und wollte zurück zur Straße fahren. Der Motor sirrte, die Reifen drehten durch und im Radio kam „We wish you a merry Christmas". Sie saßen fest.

Mama stellte den Motor ab. Das Radio verstummte. Als sie die Tür öffnete, ging die Innenbeleuchtung an. Isa sah, dass Mama kreidebleich war. Kleine Schweißperlen glitzerten unter ihren Nasenlöchern.

„Hoffentlich ist dem Mann nichts passiert", sagte Mama noch mal und lief Richtung Straße. Isa stieg auch aus.

Zum Glück war dem Mann nichts passiert. Mit seiner Flasche winkend kam er auf sie zu.

„Scheiße", sagte er und deutete auf das Auto.

„Sagt man nicht", sagte Isa.

Mama zog Isa zu sich und stellte sich vor sie.

„Sind Sie lebensmüde?", fragte Mama den Mann. Ihre Stimme klang heiser.

„Vielleicht!" Der Mann verbeugte sich elegant wie ein Musketier vor einer Königin. „Hirth, Sepp Hirth, angenehm."

Der Musketier hielt Mama die Flasche hin. Aber Mama schüttelte den Kopf.

„Hol dein Handy." Mama gab Isa einen Schubs. Isa holte das Handy und Mama rief erst den Abschleppdienst an, dann Opa, damit er sie abholen käme. Dann war es ziemlich lange still.

„Sie brauchen keine Angst vor mir zu haben", sagte der Mann. Aber Isa sah ganz genau, dass Mama Angst hatte. Ihre Augen wanderten unruhig hin und her und sie hielt Isa am Ärmel fest.

„Wir feiern jetzt einfach ein bisschen Weihnachten", flüsterte sie Isa zu. „Dann tut er uns nichts."

Mama schaltete das Autoradio ein, stellte die blaue Duftkerze auf die Kühlerhaube und zündete sie an.

Was für dreckige Fingernägel er hat, dachte Isa. Aber laut sagte sie:

„Sepp, das heißt doch eigentlich Joseph."

Der Mann nickte. „Joseph, Hirth, angenehm." Diesmal verbeugte er sich vor Isa. Dabei torkelte er ein paar Schritte rückwärts.

„Wir heißen Schäfer", sagte Isa.

Der Mann lachte. „Dann sind wir ja so was wie Hirten und Schäfer auf dem Felde."

Da musste auch Mama lachen. Halb lustig und halb ängstlich. „Fehlen eigentlich nur noch die gelben Engel", sagte sie und zog Isa am Ärmel näher zu sich. „Gelbe Engel, so nennt man die Leute vom Abschleppdienst."

Herr Hirth schaute Isa lange an und trank. „Ich hasse Kinder."

Er kratzte sich den Stoppelbart, auf dem Schneeflocken schmolzen. Isa sah, dass er einen abgebrochenen Zahn hatte. „Und Ihre Frau?", fragte Mama.

„Ist eine Schlampe, prost."

Da spielte Isas Handy „Jingle Bells". Isa drückte auf die Taste mit dem Briefzeichen. Auf dem Display erschien ein Weihnachtsbaum.

„Von Papa", sagte Isa.

Herr Hirth beugte sich zu ihr und wollte auch den Weihnachtsbaum sehen. Die Kerze auf der Kühlerhaube roch nach Zimt und Vanille. Herr Hirth roch wie der Appenzellerkäse, den sie immer im Bioladen kauften.

Dann warteten sie auf den Abschleppdienst und Herr Hirth trank seine Flasche leer.

„Wo feiern Sie Weihnachten?", fragte Mama.

„Hier", sagte Herr Hirth.

Opa kam gleichzeitig mit den gelben Engeln vom Abschleppdienst. Herr Hirth blies die Duftkerze aus. Mama redete mit den Engeln.

Opa und Isa verstauten den Korb und die Kerze in Opas Auto.

Jetzt waren Mamas Augen nicht mehr unruhig. „Wollen Sie mit uns nach Waldkraiburg fahren, Herr Hirth? Wir könnten Sie nach Hause bringen."

Aber Herr Hirth schüttelte den Kopf und deutete auf die gelben Engel. „Ich fahr lieber mit denen, die können mich an der nächsten Tankstelle absetzen. Wegen Nachschub." Er schleuderte seine leere Flasche in die Schneeflocken und verbeugte sich wieder wie ein Musketier. „Hoffentlich sind Sie gut versichert, ich bin nämlich blank."

„Frohe Weihnachten", sagte Isa und machte die Verbeugung nach. „Auch für Ihre Frau und Ihre Kinder." Da bückte sich Herr Hirth zu ihr runter und küsste ihr die Hand. „Weißt du, eigentlich ist meine Frau gar keine Schlampe", flüsterte er ihr zu, „und Kinder hasse ich auch nicht. Sag deinem Papa, er soll immer gut auf euch aufpassen." Isa roch seinen Schnapsatem.

Schnell lief sie zu Opas Auto und holte den Korb mit der italienischen Salami und dem türkischen Honig wieder raus.

Sie reichte den Korb Herrn Hirth durchs Fenster vom Abschleppwagen.

Dann stieg sie zu Opa und Mama in Opas Auto und freute sich auf Heiligabend in Waldkraiburg. Aber noch mehr auf Silvester, denn da würden sie Papa vom Flughafen abholen.

Erich Kästner
Ein Kind hat Kummer

Nur einmal in jedem Jahr hätte ich sehnlich gewünscht, Geschwister zu besitzen: am Heiligabend! Am Ersten Feiertag hätten sie ja gut und gerne wieder fortfliegen können, meinetwegen erst nach dem Gänsebraten mit den rohen Klößen, dem Rotkraut und dem Selleriesalat. Ich hätte sogar auf meine eigene Portion verzichtet und stattdessen Gänseklein gegessen, wenn ich nur am 24. Dezember abends nicht allein gewesen wäre! Die Hälfte der Geschenke hätten sie haben können, und es waren wahrhaftig herrliche Geschenke!

Und warum wollte ich gerade an diesem Abend, am schönsten Abend eines Kinderjahres, nicht allein und nicht das einzige Kind sein? Ich hatte Angst. Ich fürchtete mich vor der Bescherung! Ich hatte Furcht davor und durfte sie nicht zeigen. Es ist kein Wunder, dass ihr das nicht gleich versteht. Ich habe mir lange überlegt, ob ich darüber sprechen solle oder nicht. Ich will darüber sprechen! Also muss ich es euch erklären.

Meine Eltern waren, aus Liebe zu mir, aufeinander eifersüchtig. Sie suchten es zu verbergen, und oft gelang es ihnen. Doch am schönsten Tag im Jahr gelang es ihnen nicht. Sie nahmen sich sonst, meinetwegen, so gut zusammen, wie sie konnten, doch am Heiligabend konnten sie es nicht sehr gut. Es ging über ihre Kraft. Ich wusste das alles und musste, uns dreien zuliebe, so tun, als wisse ich's nicht.

Wochenlang, halbe Nächte hindurch, hatte mein Vater im Keller gesessen und zum Beispiel einen wundervollen Pferdestall gebaut. Er hatte geschnitzt und genagelt, geleimt und gemalt, Schriften gepinselt, winziges Zaumzeug zugeschnitten und genäht, die Pferdemähnen mit Bändern durchflochten, die Raufen mit Heu gefüllt, und immer noch war ihm, beim Blaken der Petroleumlampe, etwas eingefallen, noch ein Scharnier, noch ein Beschlag, noch ein Haken, noch ein Stallbesen, noch eine Haferkiste, bis er endlich zufrieden schmunzelte und wusste: ‚Das macht mir keiner nach!'

Ein andermal baute er einen Rollwagen mit Bierfässern, Klappleitern, Rädern mit Naben und Eisenbändern, ein solides Fahrzeug mit Radachsen und auswechselbaren Deichseln, je nachdem, ob ich zwei Pferde oder nur eins einspannen wollte, mit Lederkissen fürs Abladen der Fässer, mit Peitschen und Bremsen am Kutschbock, und auch dieses Spielzeug war ein fehlerloses Meisterstück und Kunstwerk!

Es waren Geschenke, bei deren Anblick sogar Prinzen die Hände überm Kopf zusammengeschlagen hätten, aber Prinzen hätte mein Vater sie nicht geschenkt.

Wochenlang, halbe Tage hindurch, hatte meine Mutter die Stadt durchstreift und die

Geschäfte durchwühlt. Sie kaufte jedes Jahr Geschenke, bis sich deren Versteck, die Kommode, krumm bog. Sie kaufte Rollschuhe, Ankersteinbaukästen, Buntstifte, Farbtuben, Malbücher, Hanteln und Keulen für den Turnverein, einen Faustball für den Hof, Schlittschuhe, musikalische Wunderkreisel, Wanderstiefel, einen Norwegerschlitten, ein Kästchen mit Präzisionszirkeln auf blauem Samt, einen Kaufmannsladen, einen Zauberkasten, Kaleidoskope, Zinnsoldaten, eine kleine Druckerei mit Setzbuchstaben und, von Paul Schurig und den Empfehlungen des Sächsischen Lehrervereins angeleitet, viele, viele gute Kinderbücher. Von Taschentüchern, Strümpfen, Turnhosen, Rodelmützen, Wollhandschuhen, Sweatern, Matrosenblusen, Badehosen, Hemden und ähnlich nützlichen Dingen ganz zu schweigen.

Es war ein Konkurrenzkampf aus Liebe zu mir, und es war ein verbissener Kampf. Es war ein Drama mit drei Personen, und der letzte Akt fand, alljährlich, am Heiligabend statt. Die Hauptrolle spielte ein kleiner Junge. Von seinem Talent aus dem Stegreif hing es ab, ob das Stück eine Komödie oder ein Trauerspiel wurde. Noch heute klopft mir, wenn ich daran denke, das Herz bis in den Hals.

Ich saß in der Küche und wartete, dass man mich in die Gute Stube riefe, unter den schimmernden Christbaum, zur Bescherung.

Meine Geschenke hatte ich parat: für den Papa ein Kistchen mit zehn oder gar fünfundzwanzig Zigarren, für die Mama einen Schal, ein selbstgemaltes Aquarell oder – als ich einmal nur noch fünfundsechzig Pfennige besaß – in einem Karton aus Kühnes Schnittwarengeschäft, hübsch verpackt, die sieben Sachen. Die sieben Sachen? Ein Röllchen weißer und ein Röllchen schwarzer Seide, ein Heft Stecknadeln und ein Heft Nähnadeln, eine Rolle weißen Zwirn, eine Rolle schwarzen Zwirn und ein Dutzend mittelgroßer schwarzer Druckknöpfe, siebenerlei Sachen für fünfundsechzig Pfennige. Das war, fand ich, eine Rekordleistung! Und ich wäre stolz darauf gewesen, wenn ich mich nicht so gefürchtet hätte.

Ich stand also am Küchenfenster und blickte in die Fenster gegenüber. Hier und dort zündete man schon die Kerzen an. Der Schnee auf der Straße glänzte im Laternenlicht. Weihnachtslieder erklangen. Im Ofen prasselte das Feuer, aber ich fror. Es duftete nach Rosinenstollen, Vanillezucker und Zitronat. Doch mir war elend zumute. Gleich würde ich lächeln müssen, statt weinen zu dürfen.

Und dann hörte ich meine Mutter rufen: „Jetzt kannst du kommen!" Ich ergriff die hübsch eingewickelten Geschenke für die beiden und trat in den Flur. Die Zimmertür stand offen. Der Christbaum strahlte. Vater und Mutter hatten sich links und rechts vom Tisch postiert, jeder neben seine Gaben, als sei das Zimmer samt dem Fest halbiert. „Oh", sagte ich, „wie schön!", und meinte beide Hälften. Ich hielt mich noch in der Nähe der Tür, sodass mein Versuch, glücklich zu lächeln, unmissverständlich beiden galt. Der Papa, mit der erloschnen Zigarre im Munde, beschmunzelte den firnisblanken Pferdestall. Die Mama blickte triumphierend auf das Gabengebirge zu ihrer Rechten. Wir lächelten zu dritt und überlächelten unsre dreifache Unruhe. Doch ich konnte nicht an der Tür stehen bleiben!

Zögernd ging ich auf den herrlichen Tisch zu, auf den halbierten Tisch, und mit jedem Schritt wuchsen meine Verantwortung, meine Angst und der Wille, die nächste Viertelstunde zu retten. Ach, wenn ich allein gewesen wäre, allein mit den Geschenken und dem himmlischen Gefühl, doppelt und aus zweifacher Liebe beschenkt zu werden! Wie selig wär ich gewesen und was für ein glückliches Kind! Doch ich musste meine Rolle spielen, damit das Weihnachtsstück gut ausgehe. Ich war ein Diplomat, erwachsener als meine Eltern, und hatte dafür Sorge zu tragen, dass unsre feierliche Dreierkonferenz unterm Christbaum ohne Missklang verlief. Ich war, schon mit fünf und sechs Jahren und später erst recht, der Zeremonienmeister des Heiligen Abends und entledigte mich der schweren Aufgabe mit großem Geschick. Und mit zitterndem Herzen.

Ich stand am Tisch und freute mich im Pendelverkehr. Ich freute mich rechts, zur Freude meiner Mutter. Ich freute mich an der linken Tischhälfte über den Pferdestall im Allgemeinen. Dann freute ich mich wieder rechts, diesmal über den Rodelschlitten, und dann wieder links, besonders über das Lederzeug. Und noch einmal rechts, und noch einmal links, und nirgends zu lange, und nirgends zu flüchtig. Ich freute mich ehrlich und musste meine Freude zerlegen und zerlügen. Ich gab beiden je einen Kuss auf die Backe. Meiner Mutter zuerst. Ich verteilte meine Geschenke und begann mit den Zigarren. So konnte ich, während der Papa das Kistchen mit seinem Taschenmesser öffnete und die Zigarren beschnupperte, bei ihr ein wenig länger stehen bleiben als bei ihm. Sie bewunderte ihr Geschenk, und ich drückte sie heimlich an mich, so heimlich, als sei es eine Sünde. Hatte er es trotzdem bemerkt? Machte es ihn traurig?

Nebenan, bei Grüttners, sangen sie „O du fröhliche, o du selige, gnadenbringende Weihnachtszeit!". Mein Vater holte ein Portemonnaie aus der Tasche, das er im Keller zugeschnitten und genäht hatte, hielt es meiner Mutter hin und sagte: „Das hätt ich ja beinahe vergessen!" Sie zeigte auf ihre Tischhälfte, wo für ihn Socken, warme lange Unterhosen und ein Schlips lagen. Manchmal fiel ihnen, erst wenn wir bei Würstchen und Kartoffelsalat saßen, ein, dass sie vergessen hatten, einander ihre Geschenke zu geben. Und meine Mutter meinte: „Das hat ja Zeit bis nach dem Essen."

Anschließend gingen wir zu Onkel Franz. Es gab Kaffee und Stollen. Dora zeigte mir ihre Geschenke. Tante Lina klagte ein bisschen über ihre Aderbeine. Der Onkel griff nach einer Havannakiste, hielt sie meinem Vater unter die Nase und sagte: „Da, Emil! Nun rauch mal 'ne anständige Zigarre!" Der Papa erklärte, leicht gekränkt: „Ich hab selber welche!" Onkel Franz meinte ärgerlich: „Nun nimm schon eine! So was kriegst du nicht alle Tage!" Und mein Vater sagte: „Ich bin so frei."

Frieda, die Wirtschafterin und treue Seele, schleppte Stollen, Pfefferkuchen, Rheinwein oder, wenn der Winter kalt geraten war, dampfenden Punsch herbei und setzte sich mit an den Tisch. Dora und ich versuchten uns auf dem Klavier an Weihnachtsliedern, der „Petersburger Schlittenfahrt" und dem „Schlittschuhwalzer". Und Onkel Franz begann meine Mutter zu hänseln, indem er aus der Kaninchenhändlerzeit erzählte. Er machte uns vor, wie die Schwester damals ihre Brüder verklatscht hätte. Meine Mutter wehrte sich, so gut sie konnte. Aber gegen Onkel Franz und seine Stimme war kein Kraut gewachsen. „Eine alte Klatschbase warst du!", rief er laut, und zu meinem Vater sagte er übermütig: „Emil, deine Frau war schon als Kind zu fein für uns!" Mein Vater blinzelte stillvergnügt über den Brillenrand, trank einen Schluck Wein, wischte sich den Schnurrbart und genoss es von ganzem Herzen, dass meine Mutter endlich einmal nicht das letzte Wort haben sollte. Das war für ihn das schönste Weihnachtsgeschenk! Sie hatte vom Weintrinken rote Bäckchen bekommen. „Ihr wart ganz gemeine, niederträchtige und faule Lausejungen!", rief sie giftig. Onkel Franz freute sich, dass sie sich ärgerte. „Na und, Frau Gräfin?", gab er zur Antwort. „Aus uns ist trotzdem was geworden!" Und er lachte, dass die Christbaumkugeln schepperten.

Renate Welsh
Weihnachts-Chaos mit Katze

Paul stapft aus der Schule nach Hause. Er schleppt schwer an seinem Rucksack. Er schleppt noch schwerer an seinem Groll. Wie ein Sack Kartoffeln hat er an der Stange gehangen und konnte sich nicht hochziehen. Da hat Marcel von ganz hoch oben unter der Decke der Sporthalle mit dem Finger auf Paul gezeigt und hat laut gelacht.

Marcel, der sein bester Freund war. Das ist vorbei. Das ist für immer und ewig und neun Tage vorbei. Nie wieder wird Paul Marcel anschauen. Nie wieder wird er mit ihm Baumhäuser bauen. Nie wieder mit ihm spielen. Wenn Marcel anruft, wird Paul den Hörer auf die Gabel knallen.

Paul nimmt den Umweg durch den Park. Mama wird sich Sorgen machen. Da kann ihr Paul leider nicht helfen. Er will jetzt nicht gefragt werden, was los war in der Schule, und warum er so böse dreinschaut. Paul kickt Steinchen vor sich her.

Da hört er etwas. Wie leises Wimmern klingt es. Es kommt aus den Büschen neben dem Weg. Paul schiebt die Zweige beiseite. Dunkel ist es da. Das Wimmern hört auf, fängt wieder an. Paul kriecht in die Hecke, eine Ranke kratzt ihn am Arm, ein Zweig schlägt ihm ins Gesicht. Jetzt ist das Wimmern ganz nahe. Ein Sonnenstrahl fällt durch die Blätter, zeigt Paul eine winzige Katze. Ein schwarz-grau gestreiftes Katzenkind mit dünnem Mäuseschwanz. Es reißt sein Mäulchen auf. Das ganze Katzenkind ist ein rosaroter Schlund, aus dem jämmerliche Töne kommen.

„Was ist denn los mit dir?", fragt Paul. „Wo ist deine Mama?" Das Katzenkind schreit lauter. Paul streichelt mit einem Finger über den schmalen Rücken. Das Katzenkind schnappt nach seinem Finger und saugt daran. Wie das kitzelt!

„Hast du Hunger?", fragt Paul.

Das Katzenkind saugt jetzt so wild, dass es wehtut. Seine Pfoten kneten Pauls Hand.

„Ich nehm dich mit nach Hause", sagt er. „Hier kannst du doch nicht bleiben."

Das Katzenkind liegt still in Pauls Arm. Plötzlich beginnt es zu strampeln und zu treten. Seine Krallen verheddern sich in Pauls Jacke.

Paul läutet Sturm. Seine Mama öffnet die Tür, schaut ihn entgeistert an. „Wie siehst denn du aus?" Dann erst wandern ihre Augen bis hinunter zu Pauls Armen. Sie schüttelt heftig den Kopf.

„Tut mir Leid, aber das geht nicht. Den ganzen Tag ist niemand zu Hause, und ich habe wirklich schon genug zu tun."

„Ich kümmere mich selbst um das Kätzchen", sagt Paul.

Eine Falte schneidet Mamas Stirn in zwei Teile. „Ich glaube, Tiere sind sowieso verboten in diesem Haus. Du musst es zurückbringen. Wir gehen dann auf den Weihnachtsmarkt, ja?"

„Es hat solchen Hunger", sagt Paul. „Ich auch!"

Hunger ist ein Zauberwort. Wenn er „Hunger" sagt, rennt Mama sofort in die Küche. Heute nicht. Heute steht sie da, verschränkt die Arme über der Brust und schüttelt den Kopf.

Paul schiebt die Unterlippe vor. Er blinzelt. Seine Mama verschwimmt. Von Pauls Jacke beginnt es zu tropfen, er spürt, wie auch sein Pullover nass wird. So viel kann er doch nicht geweint haben. Nein, das Katzenkind hat gepinkelt. Paul drückt es trotzdem fest an sich.

„Wir können ihm ja eine Schale Milch geben, aber dann trägst du es dorthin zurück, wo du es herhast. Seine Mutter sucht es bestimmt schon."

Mama mischt Milch und kochendes Wasser, prüft mit dem Finger, ob die Wärme stimmt. Paul setzt das Katzenkind auf den Boden. Es rutscht auf den Fliesen aus, torkelt hin und her.

„Trink doch", lockt Mama. Das Kätzchen wimmert wieder. Mama taucht sein Mäulchen in die Milch. Es versteht nicht, was das soll, zappelt und kratzt, bis Mama ihren Finger in die Milch taucht und ihm hinhält. Da schleckt das Katzenkind die Milch ab und beginnt zu saugen. Mama kann gar nicht schnell genug ihren Finger wegziehen. Beim fünften oder sechsten Versuch endlich beginnt es zu schlabbern, als Mama sein Mäulchen wieder in die Milch steckt.

Mama steht auf. Ihre Bluse ist gesprenkelt mit Milchtropfen. Das Katzenkind schüttelt sich, streckt sich, hebt den Kopf und schaut Paul und Mama mit seinen runden Augen an.

„Nein", sagt Mama streng. „Wir können wirklich keine Katze brauchen. Du bringst es jetzt zurück."

„Ich will auch kein anderes Weihnachtsgeschenk!", sagt Paul. Mama schüttelt nur den Kopf.

Mit schweren Füßen geht Paul in den Park. Das Katzenkind schläft in seinen Armen. Warm und weich liegt es da. Im Park ist keine Katzenmutter. Einmal setzt Paul das Katzenkind auf den Boden, da klammert es sich an sein Hosenbein.

Paul geht mit dem Kätzchen im Arm nach Hause zurück, er verschwindet mit ihm in seinem Zimmer. Er legt sich auf den Boden, das Katzenkind klettert auf ihm herum. Als Mama den Kopf hereinsteckt, dreht sich Paul weg.

Fünfmal an diesem Nachmittag muss Paul Katzenpfützen aufwischen. „Du bist ja nicht dicht", sagt er. „Ab sofort heißt du Pfütze."

Am Abend kommt Papa nach Hause. „Wieso steht in unserem Badezimmer ein Katzenklo?", fragt er. „Ich bin fast drüber gestolpert!"

Mama seufzt. Papa seufzt auch.

Paul rennt gerade wieder mit feuchtem Klopapier zur Toilette.

„Nimm doch einen Lappen", sagt Mama. „Astrid wollte sowieso eine Katze, morgen frage ich, ob sie schon eine hat." Paul wirft Mama einen bösen Blick zu.

Drei Tage später stakst Pfütze zum ersten Mal aufs Katzenklo und scharrt danach so begeistert, dass die weißen Kügelchen durchs ganze Bad fliegen. Im Küchenschrank sieht Paul zehn Dosen Katzenkinderfutter, da weiß er, dass Mama Pfütze doch nicht mehr so schnell loswerden will.

Am Abend gehen Mama, Papa und Paul einen Christbaum kaufen. Pfütze muss in seinem Korb im Badezimmer bleiben, sonst ist bald die ganze Wohnung ein Katzenklo, sagt Mama. Paul geht freiwillig gleich nach dem Essen ins Bett. Er weiß, dass es Mama in den Fingern juckt, den Baum zu schmücken. Es ist ein wunderbarer, riesengroßer Baum. Jetzt kann sich Paul auf Weihnachten freuen. Pfütze

kuschelt sich in seine Armbeuge, und Paul singt „Ihr Kinderlein, kommet".

Zeitig in der Früh wacht er auf, trägt Pfütze ins Bad und freut sich, weil das Katzenkind sofort auf sein Klo hüpft. Paul schleicht in die Küche, setzt Teewasser auf und deckt den Tisch. Die Eltern freuen sich. Mama schreibt eifrig Einkaufslisten und Zettel, auf denen steht, was jeder von ihnen heute zu tun hat. Aus dem Radio tönen Weihnachtslieder. Pfütze braucht keine Einladung mehr, um seine Milch zu schlabbern. Die Bröckchen des Katzenkinderfutters aber wirft er im hohen Bogen aus der Schüssel und jagt ihnen nach, bevor er sie frisst.

Mama geht auf den Markt, Paul zum Bäcker, Papa putzt die Wohnung. Am Heiligen Abend gibt es zu Mittag nur einen Teller Suppe, alle drei sind zufrieden, weil sie heute richtig gut in der Zeit sind. Wenn Oma und Opa gegen fünf kommen, wird alles fertig sein. Mama arrangiert Weihnachtsplätzchen und Lebkuchen auf einer Platte, Papa rührt seine berühmten Salatsaucen, Paul geht in sein Zimmer und verpackt die Weihnachtssterne, die er aus Goldfolie gebastelt hat.

Plötzlich tönt ein Schrei aus dem Wohnzimmer. Paul rennt hin. Papa hat schon die Tür aufgerissen. Auf dem Boden liegen sämtliche Christbaumkugeln in tausend bunten Scherben. Mittendrin steht Mama. Pfütze erscheint in der Tür, hebt eine Pfote, stupst eine Scherbe an.

„Raus!", schreit Mama. „Bring ihn raus, bevor ich ihm den Hals umdrehe!"

Paul packt Pfütze und geht.

Er hört Mama schimpfen. „Du bist schuld! Du musst die Tür offen gelassen haben, während wir einkaufen waren. Woher sollen wir jetzt Christbaumschmuck nehmen? Die Läden sind schon zu!" Sie klingt so böse. Papa klingt auch böse.

„Pfütze!", schimpft Paul. „Du bist unmöglich!"

Da hat er eine Idee. An jedes Tier aus seinem Bauernhof bindet Paul einen Goldfaden und dann bringt er sie ins Wohnzimmer. Mama gibt ihm einen Kuss und hängt die Tiere an den Weihnachtsbaum, während Papa die Scherben wegräumt. Der Baum sieht noch ziemlich leer aus. Mama dreht eine Rose aus Klopapier, die macht sich ziemlich prächtig. Papa und Paul versuchen es auch, ihre Rosen werden nicht ganz so schön, aber Mama zupft hier ein wenig und dort ein wenig und dann sind sie doch ganz ansehnlich. Schließlich faltet Mama fünf Kraniche aus weißem Papier, die dürfen zwischen den Zweigen schweben.

Plötzlich schlägt sie sich an die Stirn. „Der Karpfen!", ruft sie. „Ich hab vergessen, den Karpfen abzuholen!"

In diesem Augenblick klingelt es. Oma und Opa stehen vor der Tür. Während Papa ihnen die Mäntel abnimmt, berichtet Mama ganz kleinlaut, dass es leider heute Abend keinen Karpfen geben wird.

Oma fällt Mama um den Hals und schmatzt ihr einen Kuss auf die linke Wange und einen auf die rechte. „Wie schön!", ruft sie. „Ich kann Karpfen nicht leiden, hab ihn nur immer gegessen, weil Karpfen eben zu Weihnachten gehört!"

Opa sagt, dass er sehr froh ist, wenn er sich heute Abend beim Essen unterhalten kann und nicht auf Gräten aufpassen muss, von denen Karpfen viel zu viele haben. Mama verschwindet im Wohnzimmer, kurz darauf läutet das Glöckchen und die Tür geht auf.

„Was für ein wunderschöner Baum!", sagt Oma.

„Und so originell", sagt Opa.

Pfütze schleicht von hinten an ihn heran und klettert an seinem rechten Bein hoch. „Au!", schreit Opa, „was ist das?"

„Unser Jüngster", sagt Mama.

Oma löst Pfützes Krallen aus Opas Hose. Sie setzt sich aufs Sofa, Pfütze rollt sich in ihrem Schoß ein, springt plötzlich auf, hechtet zum Baum und stupst mit der Vorderpfote eines von Pauls Schäfchen an. Es schwingt her, schwingt hin und wieder zurück.

„Nein!", ruft Mama. Sie packt Pfütze und setzt ihn auf den Teppich. „Wenn du dich nicht benehmen kannst, wirst du im Badezimmer eingesperrt!"

„Fröhliche Weihnachten!", sagt Paul.

Mama lässt sich neben Oma aufs Sofa fallen. Pfütze klettert über die Lehne auf Mamas Arm und beginnt zum ersten Mal zu schnurren.

„Mistkater", sagt Mama leise.

„Katze", sagt Oma. „Das ist eine Katze, kein Kater!"

Pfütze schnurrt lauter. Dem Katzenkind ist es egal, ob es eine Katze oder ein Kater ist. Paul ist es auch egal.

Papa beginnt zu singen. „Am Weihnachtsbaum die Lichter brennen …"

„Zu tief", sagt Oma.

„Zu hoch", sagt Opa.

Mama packt Pauls Weihnachtsstern aus und hängt ihn an den vordersten Ast, wo man ihn am allerbesten sehen kann. Dann wuschelt sie durch Pauls Haare. Pfütze klettert über ihren Rücken hoch und legt sich auf ihren Nacken, als wollte er Pelzkragen spielen. Papa steckt seinen Weihnachtsstern auf die oberste Spitze des Baumes. Er zündet Wunderkerzen an. Zwei reicht er Paul, der schwingt die Arme und macht große Funken sprühende Räder, bis die Kerzen erlöschen.

„Fröhliche Weihnachten", rufen alle.

Pfütze aber sitzt genau in der Mitte des Teppichs vor dem Baum und macht seinem Namen Ehre.

11

BARBARA ROBINSON
Hilfe, die Herdmanns kommen

Normalerweise machte die erste Probe des Krippenspiels nicht mehr und nicht weniger Spaß als eine dreistündige Fahrt im Schulbus und war mit ebenso viel Lärm und Gedränge verbunden. Diese Probe lief anders.

Alle waren ruhig und setzten sich gleich hin, weil sie Angst hatten, es könnte ihnen sonst vielleicht entgehen, was die Herdmanns Schreckliches anstellen würden.

Sie kamen zehn Minuten zu spät und schlenderten in den Raum wie eine Bande Geächteter, die vorhat einen Saloon leer zu schießen …

Mutter sagte: „Hier kommt Familie Herdmann. Wir freuen uns, euch alle hier zu sehn." (Das war sicher die dickste Lüge, die je in einer Kirche laut ausgesprochen wurde.)

Eugenia lächelte – das Herdmänner-Lächeln, wie wir es nannten, dreckig und gemein – und dann saßen sie da, fast Kriminelle in unseren Augen, und die sollten nun das Edelste und Schönste darstellen, das es gab. Kein Wunder, dass alle aufgeregt waren.

Mutter fing an die Kinder in Hirten und Engel und Herbergsgäste einzuteilen, und schon gab es die ersten Schwierigkeiten.

„Wer waren denn die Hirten?", wollte Leopold Herdmann wissen. „Wo kamen die her?"

Olli Herdmann wusste nicht einmal, was Hirten sind.

„Was ist eigentlich eine Herberge?", fragte Klaus.

„So was Ähnliches wie ein Hotel", erklärte ihm jemand. „Wo Leute übernachten können."

„Was für Leute?", fragte Klaus. „Jesus?"

„Nicht zu fassen!", murmelte Alice Wendlaken. „Jesus war noch gar nicht geboren. Maria und Josef gingen dorthin."

„Warum?", fragte Ralf.

„Wie ging's los?", schrie Eugenia meiner Mutter zu. „Fangen Sie doch am Anfang an!"

Das jagte mir einen Schrecken ein, denn der Anfang war das Buch Mose, wo es heißt: „Am Anfang schuf Gott...", und wenn wir mit dem Buch Mose beginnen würden, kämen wir nie durch.

Die Sache war eben die, dass die Herdmanns nicht das Geringste von der Weihnachtsgeschichte wussten. Sie wussten gerade noch, dass Weihnachten der Geburtstag Jesu war, aber alles andere war neu für sie: die Hirten, die Weisen aus dem Morgenland, der Stern, der Stall und die überfüllte Herberge.

Es war schwer zu glauben. Jedenfalls war es das für mich. Alice Wendlaken fiel es nicht schwer. „Wie sollen die etwas von der Weihnachtsgeschichte wissen?", sagte sie. „Sie wissen nicht mal, was eine Bibel ist. Schau dir an, was Hedwig vorige Woche mit dieser Bibel gemacht hat!"

Während Eugenia das Geld aus dem Kollektenteller geklaut hatte, hatten Hedwig und Olli die Propheten in der illustrierten Kinderbibel mit Bärten und Schwänzen verziert.

„Sie waren noch nie in ihrem Leben in der Kirche, bis dein kleiner Bruder ihnen weisgemacht hat, dass wir dort Süßigkeiten bekommen", sagte Alice. „Woher sollen die also die Weihnachtsgeschichte kennen?"

Sie hatte Recht. Natürlich könnten sie etwas darüber gelesen haben. Aber sie lasen nie etwas anderes als Comics. Sicher hätten sie auch im Fernsehen etwas darüber erfahren können. Aber Ralf hatte ihren Fernseher für 65 Cents auf einem Flohmarkt gekauft und man konnte nur etwas sehen, wenn einer die Antenne festhielt. Und selbst dann nicht sehr viel …

Jedenfalls hatten sie keine Ahnung. Und Mutter sagte, es sei wohl das Beste, zuerst einmal die Weihnachtsgeschichte aus der Bibel vorzulesen … Unter anderem waren die Herdmanns dafür berüchtigt, niemals still zu sitzen und niemals irgendjemandem zuzuhören, weder Lehrern noch Eltern (den eigenen oder anderen), noch dem Schulrat oder der Polizei – und jetzt saßen sie da, hingen an den Lippen meiner Mutter und sogen jedes Wort in sich ein.

„Was ist das?", fragten sie immer, wenn sie einen Ausdruck nicht verstanden. Als Mutter vorlas, dass kein Platz in der Herberge war, fiel Eugenia das Kinn herunter und sie sprang auf. „Verdammt!", sagte sie. „Nicht mal für Jesus?"

„Na ja, also…", erklärte Mutter. „Niemand wusste, dass das Baby Jesus sein würde."

„Sie haben gesagt, Maria wusste es", sagte Ralf. „Warum hat sie es denen nicht gesagt?"

„Ich hätt's ihnen gesagt", rief Eugenia dazwischen. „Mann, denen hätt ich's vielleicht gesagt! Was war denn mit Josef los, warum hat der's nicht gesagt? Dass sie schwanger war und das alles."

„Wie hieß das, wo sie das Baby reingelegt haben?", fragte Leopold. „Diese Krippe… ist das so 'ne Art Bett? Warum hatten die denn ein Bett im Stall?"

„Das ist es ja gerade", sagte Mutter. „Sie hatten eben kein Bett im Stall. Also mussten Maria und Josef das nehmen, was sie dort vorfanden. Was würdest du denn tun, wenn du ein kleines Baby hättest und kein Bett, um es hineinzulegen?"

„Wir haben Hedwig in eine Schreibtischschublade gelegt", erklärte Eugenia.

„Siehst du", sagte Mutter und zuckte ein bisschen zusammen. „Ihr habt kein Bett für Hedwig gehabt und habt deswegen auch etwas anderes nehmen müssen."

„Och, wir hatten schon eins", sagte Ralf. „Aber Olli war noch drin und wollte nicht raus. Er mochte Hedwig nicht."

„Wie dem auch sei", sagte Mutter, „Maria und Josef nahmen die Krippe. Eine Krippe ist ein hölzerner Futtertrog für Tiere."

„Was waren denn die Bindeln?", wollte Klaus wissen.

„Die was?", fragte Mutter.

„Sie haben es doch vorgelesen: Sie wickelte ihn in Bindeln."

„Windeln", seufzte Mutter. „Früher hat man die Babys fest in große Tücher eingewickelt, sodass sie nicht herumstrampeln konnten…"

„Sie meinen, sie banden es zusammen und steckten es in eine Futterkiste?", sagte Eugenia. „Wo blieb denn da die Jugendfürsorge?"

Die Jugendfürsorge kümmerte sich immer um die Herdmanns. Ich wette, wenn die von der Jugendfürsorge jemals Hedwig zusammengebunden in einer Büroschublade gefunden hätten, so hätten sie bestimmt etwas dagegen unternommen!

„Und siehe, des Herrn Engel trat zu ihnen", fuhr Mutter fort, „und die Klarheit des Herrn leuchtete um sie und…"

„Batman!", schrie Hedwig, warf die Arme auseinander und ohrfeigte das Kind neben ihr.

„Wie bitte?", fragte Mutter. Mutter las nie Comichefte.

„Aus dem Dunkel der Nacht erschien Batman, der Rächer der Entrechteten…"

„Ich weiß nicht, wovon du sprichst, Hedwig", sagte Mutter. „Das ist der Engel des Herrn, der zu den Hirten aufs Feld kommt."

„Aus dem Nichts?", fragte Hedwig. „Aus dem geheimnisvollen Dunkel der Nacht, ja?"

„Na ja." Mutter sah etwas unglücklich aus. „Gewissermaßen."

Hedwig setzte sich wieder hin und sah sehr zufrieden aus. So, als ob das endlich ein Teil der Weihnachtsgeschichte wäre, den sie verstand.

„Da Jesus geboren war zu Bethlehem im jüdischen Land", las Mutter weiter, „kamen die Weisen vom Morgenlande gen Jerusalem und sprachen…"

„Was bedeutet Weisen?", wollte Olli wissen. „Waren sie so was wie Lehrer?"

„Nein, du Quatschkopf", sagte Klaus. „Das ist so was Ähnliches wie der Präsident der Vereinigten Staaten."

Mutter sah ihn überrascht und beinahe beglückt an, so wie sie geschaut hatte, als Charlie endlich das Einmaleins mit fünf auswendig konnte. „Du bist schon ganz nahe dran, Klaus", sagte sie. „Tatsächlich waren es Könige."

„Jetzt aber weiter", meuterte Eugenia. „Wahrscheinlich werden die Könige dem Wirt gründlich die Meinung sagen und das Kind aus dem Trog holen."

„Sie fanden das Kindlein mit Maria, seiner Mutter, und fielen nieder und beteten es an und taten ihre Schätze auf und schenkten ihm Gold, Weihrauch und Myrre."

„Was ist das für ein Zeug?", wollte Leopold wissen.

„Kostbare Öle", sagte Mutter, „und wohlriechende Harze."

„Öl!", schrie Eugenia. „Was für ein schäbiger König bringt denn Öl als Geschenk mit! Da kriegt man ja bei der Feuerwehr bessere Geschenke."

Manchmal bekamen die Herdmanns Weihnachtsgeschenke auf dem Feuerwehrfest. Gewöhnlich bekam Eugenia Strickzeug und Puzzle-Spiele, die sie überhaupt nicht mochte. Aber ich glaube, sie fand das immer noch besser als Öl.

Dann kamen wir zu König Herodes und die Herdmanns hatten auch von ihm noch nie etwas gehört. Deshalb musste Mutter erklären, dass es Herodes war, der die drei Weisen ausgeschickt hatte, um das Baby Jesus zu suchen.

„Hat der die mickrigen Geschenke mitgeschickt?", fragte Olli.

Mutter sagte, es sei noch viel schlimmer. Er habe den Plan gehabt, Jesus umzubringen.

„Verdammt", sagte Eugenia. „Gerade geboren, und schon wollen sie ihn umlegen."

Die Herdmanns wollten alles über Herodes wissen. Wie er aussah, wie reich er war und ob er irgendwelche Kriege geführt hatte. Sie interessierten sich wirklich stark für Herodes und ich nahm an, dass sie ihn mochten. Er war so gemein, dass er direkt ihr Vorfahre hätte sein können: Herodes Herdmann. Aber ich täuschte mich.

„Wer spielt denn den Herodes in dem Stück?", fragte Leopold.

„Der Herodes kommt in unserem Krippenspiel nicht vor", sagte Mutter.

Das machte alle Herdmanns wütend. Sie wollten, dass jemand Herodes wäre, damit sie ihn verprügeln könnten.

Ich konnte die Herdmanns nicht verstehen. Man hätte denken können, die Weihnachtsgeschichte käme direkt aus den Polizeiakten des FBI, so gingen sie mit. Sie wünschten dem Herodes ein blutiges Ende, sorgten sich um Maria, die ihr Baby in einen Futtertrog legen musste, und nannten die Heiligen Drei Könige eine Bande schmutziger Spione.

Und als sie die erste Probe verließen, diskutierten sie darüber, ob Josef die Herberge hätte anzünden oder ob er nur den Gastwirt über die Grenze hätte jagen sollen.

Sylke Hachmeister
Das Schönste an Weihnachten

Pauline malte kleine Tannenbäume auf den Rand ihres Aufsatzheftes. Jetzt hatte sie schon einen ganzen Nadelwald und immer noch keine Idee für ihren Aufsatz. Was ist das Schönste an Weihnachten?, überlegte sie. Außer den Geschenken. Die waren natürlich in Wirklichkeit das Schönste, aber das konnte sie ja schlecht schreiben.

Die Geschenke! Pauline sprang auf. Der Aufsatz konnte warten. Mama und Papa waren nicht da, und Antonia lag mit Kopfhörer auf dem Bett. Das war *die* Gelegenheit für eine erste Suchaktion.

Es war ihr ein Rätsel, wie Mama und Papa es jedes Jahr wieder schafften, die Geschenke so gut zu verstecken, dass Pauline sie nicht finden konnte. Das Haus war klein und übersichtlich. Das merkte Pauline immer, wenn sie mit Jenny Verstecken spielte. Bei Jenny nebenan ging das viel besser als bei Pauline. Jennys Haus hatte einen Dachboden und einen Keller und eine Rumpelkammer. Bei Pauline gab es zwei Zimmer unten und zwei Zimmer oben, das war's. Ach ja, die Küche und das Bad gab es natürlich noch, aber wo sollte man da etwas verstecken? In einem Geheimfach unter den Fliesen vielleicht? Pauline ging in die Küche und klopfte den Fußboden ab. Nein, keine hohle Stelle. Also doch erst mal in die Schränke gucken. Auf Zehenspitzen schlich sie ins Elternschlafzimmer und stellte sich vor den verspiegelten Kleiderschrank. Ihr gegenüber stand ein Mädchen mit glühend roten Wangen. Sie platzte fast vor Spannung. Wenn sie nun wirklich ihr Geschenk finden würde! Aber… ganz oben auf ihrem Wunschzettel stand ein Fahrrad. Ein rosa Fahrrad mit Gangschaltung. Das passte nicht in den Kleiderschrank. An zweiter Stelle kamen Schlittschuhe, weiße, wie Eiskunstläuferinnen sie tragen. Am liebsten hätte Pauline sich noch ein kurzes Röckchen dazu gewünscht, so eins, das bei den Pirouetten schön hochfliegt. Aber beides, Schlittschuhe und ein Röckchen, das war vielleicht ein bisschen viel auf einmal. Sie hatte trotzdem ein Bild von einer richtigen Eiskunstläuferin auf den Wunschzettel gemalt, mit Röckchen und allem Drum und Dran. Man konnte nie wissen.

Pauline kramte in den Wäschefächern, aber da war wirklich nur langweilige Wäsche. Unten im Schrank lagen ein paar Plastiktüten herum. Ob darin…? Nein, nur Schuhputzzeug, alte Lappen, eine Sammlung von Haarspangen aus der Zeit, als Mama noch lange Haare hatte. Hinten im Schrank lagen drei Rollen Geschenkpapier, aber keine Geschenke.

So komme ich nicht weiter, dachte Pauline. Es ist jedes Jahr dasselbe. Bestimmt sind die Geschenke gar nicht im Haus. Vielleicht kaufen Mama und Papa sie erst kurz vor der Bescherung?

Pauline lief zu Antonias Zimmer und riss die Tür auf. Antonia fuhr hoch. „Kannst du nicht anklopfen?", schrie sie. Sie schrie, weil sie ja den Kopfhörer aufhatte und sich selbst nicht hören konnte. Sie nahm den Kopfhörer ab. Immerhin, das machte sie nicht immer, wenn Pauline etwas von ihr wollte.

„Was ist?"

„Duuu?", sagte Pauline. „Was wünschst du dir eigentlich zu Weihnachten?"

„Von dir?"

„Nee", sagte Pauline und wurde ein bisschen rot. „Von Mama und Papa."

„CDs", sagte Antonia. „Und was zum Anziehen. Wieso?"

„Weißt du schon, was ich kriege?", fragte Pauline. Es sollte beiläufig klingen, aber ihre Stimme kippelte etwas.

„Nee", sagte Antonia. „Und wenn ich's wüsste, würde ich es dir bestimmt nicht verraten. Ich bin ja kein Spielverderber." Sie wuschelte Pauline durchs Haar und setzte den Kopfhörer wieder auf. Ende der Sprechstunde.

Pauline stand eine Weile im Flur herum. Sie könnte ihren Aufsatz schreiben, aber außer Tannenbäumchen fiel ihr immer noch nichts ein. Sie zog sich ihre Schuhe an und ging nach nebenan.

„Ich wollte auch grad zu dir", sagte Jenny, als sie die Haustür aufmachte.

„Hast du deinen Aufsatz schon fertig?", fragte Pauline.

Jenny nickte.

„Und, was ist das Schönste an Weihnachten?"

„Dass mein Bruder dann aus England kommt", sagte Jenny, und sofort hatte Pauline ein schlechtes Gewissen. „Und mir ganz viele Kekse mitbringt", fügte Jenny hinzu, und da fühlte Pauline sich schon besser.

„Duuu?", sagte Pauline. „Weißt du zufällig, was ich zu Weihnachten kriege?"

„Äh ... nein, wieso?", stammelte Jenny. „Wie kommst du darauf?" Dabei sah sie so ertappt aus, dass die Sache für Pauline klar war: Jenny wusste was!

83

Paulines Herz schlug einen Trommelwirbel. Hatten die Eltern Paulines Geschenk bei den Nachbarn versteckt? Ja, so musste es sein. Weil das Geschenk nämlich zu groß für ihr kleines Haus war. Also war es…

„Ein Fahrrad", sagte Pauline, nicht als Frage, sondern als Feststellung. Jenny guckte sie erschrocken an. „Ich hab's dir aber nicht verraten!", sagte sie schnell.

„Ein Fahrrad!", rief Pauline. „Super! Hast du es gesehen?" Sie hatte ein seltsam leeres Gefühl im Bauch.

„Meine Mutter hatte es hinten im Auto", erzählte Jenny. „Es lag eine Decke drüber, aber das Hinterrad guckte ein bisschen raus. Na ja, ich hab sie gelöchert, und da hat sie mir gesagt, dass es für dich ist."

Als Pauline später am Nachmittag wieder nach Hause kam, versuchte sie normal auszusehen. Die ganze Zeit bis Weihnachten versuchte sie normal auszusehen und nicht wie ein Kind, das schon weiß, was es zu Weihnachten bekommt.

„Hast du was? Du bist so still", sagte Mama einmal.

„Du nervst ja gar nicht mehr rum wegen deiner Geschenke", sagte Antonia. „Ich glaub, du wirst langsam groß."

Heiligabend hatte Pauline den ganzen Tag Bauchschmerzen. Sie schloss sich im Bad ein und übte vorm Spiegel überraschte Gesichtsausdrücke. „Oh, toll, ein Fahrrad!", flüsterte sie und kam sich vor wie ein Mädchen in einer Fernsehserie.

Dann war es so weit. Pauline und Antonia wurden zur Bescherung ins Wohnzimmer gerufen.

Pauline ging mit Wackelbeinen. Unterm Weihnachtsbaum lagen die bunt verpackten Geschenke, und auf jedem Geschenk klebte ein goldener Stern mit einem Namen darauf. Pauline suchte gar nicht erst nach ihrem Namen. Das Fahrrad konnte ja nicht dabei sein, das war zu groß zum Einpacken. Wahrscheinlich stand es draußen vor der Tür und wartete dort auf Pauline.

„Tatatataaa!", rief Papa und legte Pauline eine große Schachtel in die Arme. Eine rote Schachtel mit einem goldenen Stern, auf dem „Pauline" stand.

„Was ist das denn?", fragte sie verwirrt.

„Na, pack's doch mal aus!", sagte Mama.

Pauline schüttelte die Schachtel. Drinnen klirrte es ein bisschen. Hastig rupfte sie das Geschenkpapier ab und machte die Schachtel auf. Darin lagen, das sah Pauline durch zwei dicke Tränen, weiße Schlittschuhe mit blitzenden Kufen, wie Eiskunstläuferinnen sie tragen.

„Warum weinst du denn?", fragte Papa erschrocken. „Bist du enttäuscht, weil du kein Fahrrad kriegst?"

Pauline sagte nichts. Sie konnte nicht, weil sie so schluchzen musste.

„Wir wollten dir erst ein Fahrrad schenken", sagte Mama. „Weil Jenny ja auch eins bekommt. Aber wo dieses Jahr doch endlich mal der See zugefroren ist, dachten wir…"

„Sie sind so schön", sagte Pauline schniefend. „Viel schöner als ein Fahrrad."

„Und guck mal, was ich für dich hab!" Antonia holte ein Päckchen mit lauter kleinen Elchen unterm Weihnachtsbaum hervor. Es fühlte sich weich und leicht an. Mit zittrigen Händen packte Pauline es aus.

Sie sah rosa Stoff. Rosa mit weißer Spitze. Ein perfektes Pirouettenröckchen.

„Aber nicht schon wieder heulen!", sagte Antonia und zwinkerte ihr zu. Pauline wischte sich mit dem Ärmel übers Gesicht.

Das Schönste an Weihnachten, dachte Pauline glücklich, das Allerschönste ist, dass es immer anders kommt, als man denkt.

13

Sybil Gräfin Schönfeldt

Der Bäckerengel

Im Sommer hatte er viel freie Zeit. Tagelang schwebte er im Blauen und starrte nach unten. Ihm gefiel die Erde, die er nicht kannte, weil er ein Engel war.

An einem Wintertag passte er nicht auf. Der Sturm fegte ihn von einer Wolke, und ehe er seine goldenen Flügel ausbreiten konnte, waren sie ihm abgerissen. Er stürzte durch Regen und Schneetreiben ab, in ein Tannendickicht, und dort blieb er betäubt liegen.

Als er erwachte, fror er in seinem Engelshemd. Er spürte kalte, harte Steine unter seinen Sohlen, splittriges Eis zerschnitt die zarte Haut, er setzte vorsichtig einen Fuß vor den anderen, musste um sein Gleichgewicht kämpfen, stürzte immer wieder auf die grobe Erde, empfand zum ersten Mal Schmerzen, konnte aber nicht weinen, weil er noch keine Tränen hatte.

Er schob sich aus dem Tannendickicht und sein dünnes Hemd zerriss. Er schaute nach oben, aber die Schneeflocken wirbelten so dicht, dass er keinen Himmel sah. Er hob die Arme. Er stieß sich mit den Füßen ab, reckte sich in die Höhe, aber nichts geschah, kein leichtes, rauschendes Gefühl des Schwebens.

So ging er den Waldweg weiter, zwischen verschneiten Stoppel-

feldern hindurch, bis er die Dächer eines Dorfes hinter den Hecken sah.

Er spürte die Wärme zwischen den Mauern und lief schneller über den weichen glatten Schnee.

Hinter der ersten Scheune bauten Kinder einen Schneemann. Als sie den Engel in seinem zerfetzten Hemd sahen, starrten sie ihn zuerst schweigend an, dann lachten sie und verspotteten ihn. Er verstand aber nicht, was sie schrien. Sie warfen mit Schneebällen nach ihm und er floh. Die Kinder rannten hinter ihm her und schrien noch lauter.

Er lief um die Scheune herum, wieder aus dem Dorf hinaus, doch vor dem letzten Haus strauchelte er und die Kinder holten ihn ein und stießen ihn zu Boden.

Da ging die Tür auf und eine Frau trat heraus um nachzuschauen, was das für ein Lärm wäre. Als sie den Engel im Schnee sah, scheuchte sie die Kinder davon und hob den Engel auf. Ihr war im Sommer ein Sohn gestorben, der nicht viel größer gewesen war, und sie gab dem Engel seine Kleider, zeigte ihm seine Kammer und sein Bett und kochte ihm eine Suppe.

Ihrem Mann gefiel das fremde Kind auch und so blieb der Engel bei ihnen. Er lernte Wort für Wort ihre Sprache und dann befreundete er sich auch mit den anderen Kindern. Er sagte jedoch nie, woher er gekommen war.

So verging der Winter und der Engel sah den Schnee schmelzen, hörte den Regen auf die Schollen prasseln, ging hinter dem Mann aufs Feld und führte das Pferd beim Säen und beim Eggen. Er half der Frau im Garten umgraben und Zwiebeln setzen, sah die Blumen aus der Erde wachsen, zupfte das Unkraut, und wenn mittags und zur

Vesperzeit die Glocke läutete, wenn er sich sonntags zwischen den Mann und die Frau auf die Kirchenbank setzte, erfüllte ihn eine unbestimmte Erwartung. Aber nichts geschah.

Er hörte die Sommergewitter grollen, sprang mit den anderen Kindern über das Johannisfeuer, schüttelte mit ihnen Pflaumen und pflückte im Wald Beeren und Haselnüsse.

Wenn er zu der Stelle im Tannendickicht kam, blieb er stehen und schaute empor. Er sah blauen Himmel, er sah Regenwolken, er sah einmal eine blasse Mondscheibe, und wenn er ein Mensch gewesen wäre, hätte er vor Sehnsucht geweint.

Dann wurden die Tage kürzer, morgens hing ein Dunst über den Wiesen und der Mann und der Engel pflückten die letzten Birnen und Äpfel. Die dicksten legte die Frau in die Ofenröhre, und wenn sie das heiße, weiche, süße Fleisch gegessen hatten, zog die Frau den Engel auf den Schoß und erzählte mit leiser Stimme: Es war einmal ...

Der Engel lauschte den Geschichten, aber er fragte niemals: Was ist ein Riese? Was ist ein Zwerg? Was ein Löweneckerchen? Er saß gern auf dem Schoß der Frau, schaute gern in die rote Glut und hörte gern die leise, sanfte Stimme.

Als es kälter wurde, als alles Laub von den Bäumen gefallen war, begann er zu backen, wie er es zu dieser Jahreszeit gewohnt war. Die Frau erlaubte es ihm, weil sie ihm die Freude lassen wollte. Sie schaute seinen kleinen Händen zu, die vor Eile und Eifer silbern glänzten und sonderbar leicht mit dem Teig verfuhren. Sie half ihm die ersten Lebkuchen auf ein Blech zu legen, und als sie gebacken waren, kostete sie ohne große Erwartung davon. Doch das Gebäck zerschmolz ihr im Munde und es schmeckte besser als alles, was sie je in ihrem Leben gegessen hatte. So backte er bald voller Vergnügen für die ganze Nachbarschaft und für alle seine Freunde.

In einer Winternacht pochte es an die Tür, und als die Frau öffnete, trat ein weißbärtiger Mann ein.

Er sagte, er habe den Weg verloren, und die Frau hielt ihn für einen Reisenden und bot ihm den Platz am Ofen an.

Der Engel jedoch, der durch den Spalt der Küchentür lugte, erkannte, wer es war: Knecht Ruprecht.

Der Knecht trank heißen Pfefferminztee und biss in ein Stück vom Engelsgebäck. Erstaunt blickte er auf und fragte: „Woher hast du den Kuchen?"

„Mein Junge hat ihn gemacht", erwiderte die Frau und zog den Engel in die Küche. Er blieb stumm vor dem Knecht stehen und wagte nicht aufzublicken.

Der Knecht beugte sich vor, schaute ihm ins Gesicht und sagte dann: „Du bist der Bäckerengel, den ich suchen soll."

„Ja", antwortete der Engel, „nimmst du mich wieder mit?"

Der Knecht nickte, doch da warf sich der Engel der Frau an den Hals und brach in Tränen aus. „Ich war so gern bei dir", schluchzte er.

Sie verstand nicht, was geschehen war, und der Knecht berichtete, wen sie ein Jahr lang als einen Sohn beherbergt hatte.

Da küsste sie den Engel und sagte: „Freu dich, mein Kind, dass du heimkehren kannst. Ich bleibe ja nicht allein zurück und wir behalten dich lieb und werden unser Lebtag an dich denken."

Er schaute den Mann an, und als er auch nickte, bedankte sich der Engel bei den beiden, ergriff Knecht Ruprechts Hand und trat mit ihm aus dem Hause.

Als sie ein paar Schritte gegangen waren, brach ein Licht wie ein Weg aus der Nacht und sie betraten diese Straße und gingen zurück in den Himmel.

GREGOR TESSNOW
Heiße Weihnacht

Das Flugzeug ist gelandet und ich bin die Erste an der Tür nach draußen. Alle Leute gucken mich komisch an. Nicht weil ich die Erste bin, sondern weil ich einen Schneeanzug anhabe. Sie gucken mich an, als wäre ich verrückt. Dabei sind die anderen alle verrückt. Immerhin sind wir zum Nordpol geflogen. Da muss man sich doch warm anziehen. Aber nein. Alle im Flugzeug sind angezogen, als wollten sie auf einem Vulkan picknicken. Sogar der Pilot trägt kurze Hosen.

„Hey, Laura! Warte auf uns."

Das sind meine Eltern, die mich da rufen. Sie stehen ein gutes Stück hinter mir im Gang und winken aufgeregt. Auch sie sind ganz sommerlich angezogen. Ich trage sogar Handschuhe und eine Mütze, die bis über die Ohren geht. Außerdem einen dicken Schal. Eigentlich guckt nur meine Nasenspitze raus.

Eine Stewardess drängelt sich zu mir nach vorne. Sie will bestimmt die Tür aufmachen. Sie guckt mich an und grinst.

„Bist du auch warm genug angezogen?", fragt sie mich.

Ich nicke nur. Reden ist mir zu anstrengend, denn eigentlich ist mir ganz schön heiß unter den ganzen Klamotten.

„Dann ist ja gut", sagt die Stewardess und öffnet die Tür.

Draußen ist es dunkel. Das ist schon in Ordnung. Auch am Nordpol kann es dunkel sein. Allerdings ist es nicht kalt. Es ist alles andere als kalt. Die Luft ist warm und feucht. Sehr warm und sehr feucht. Ich mache einen Schritt auf die Treppe hinaus. Es ist ein Gefühl, als würde man durch warmes Wasser laufen.

„Sind Sie sicher, dass wir hier richtig sind?", frage ich die Stewardess.

„Aber klar doch. Willkommen auf den Bahamas."

Die Leute hinter mir schieben mich zur Seite und gehen die Treppe nach unten. Sie plappern durcheinander und lachen. Die lachen bestimmt über mich, weil ich als Einzige dachte, dass wir zum Nordpol fliegen.

Meine Eltern kommen aus dem Flugzeug und bleiben neben mir stehen.

„Warum bist du nicht schon runtergegangen?", fragt mich Papa.

„Wir müssen zurück ins Flugzeug. Wir sind hier falsch", sage ich.

„Wir sind hier ganz richtig", sagt Mama und versucht mich die Treppe hinunterzuziehen. Ich reiße mich los und bleibe einfach stehen. Die Leute hinter uns werden sauer, weil es nicht weitergeht. Die Stewardess redet auch schon auf meine Eltern ein und schließlich hebt mich Papa einfach hoch und trägt mich die Stufen hinunter. Als er mich wieder absetzt, macht er ein betretenes Gesicht. Meine Eltern haben sich schon den ganzen Flug über komische Blicke zugeworfen. Sie haben auch versucht mich zu überreden, etwas Leichteres anzuziehen, aber ich wollte natürlich nicht. Ich war mir sicher, dass wir zum Nordpol fliegen. Wo hätten wir auch sonst hinfliegen sollen? Morgen ist Weihnachten. Morgen gibt es Geschenke. Auf meinem Wunschzettel stand nur ein einziges Wort: IGLU. Seit drei Jahren steht auf allen meinen Wunschzetteln nur dieses eine Wort: IGLU. Ich will ein echtes Iglu bauen. So wie die Eskimos. Bei uns zu Hause gibt es nie genug Schnee, um daraus ein Iglu bauen zu können. Doch dieses Jahr war die große Überraschung, dass wir zu Weihnachten ganz weit wegfliegen. Meine Eltern wollten mir nicht sagen, wohin. Das sollte ja die Überraschung sein. Mir war natürlich klar, dass wir nur irgendwohin fliegen können, wo ganz viel Schnee liegt. Der Nordpol bietet sich da doch prima an.

Und jetzt das hier: schwüle Hitze, und das einzige Eis, auf das ich hier hoffen kann, wird im Becher serviert. Ich will hier weg. Ganz klar. Doch stattdessen laufen wir über das brütend heiße Rollfeld. Im Flughafengebäude selber ist es zum Glück schon etwas kühler.

„Freust du dich denn gar nicht?", fragt Mama und zieht mir die Mütze vom Kopf.

„Nein", sage ich und reiße ihr die Mütze wieder aus der Hand.

„Aber hier ist Sommer. Sommer zu Weihnachten. Das ist doch mal was ganz anderes", sagt Papa.

„Ich will keinen Sommer zu Weihnachten", sage ich und setze mir die Mütze wieder auf. „Ich will ein Iglu und sonst nichts."

„Zicke", sagt Mama und rennt plötzlich los, weil sie unsere Koffer entdeckt hat. Papa folgt ihr und zieht mich hinterher. Erst stolper ich noch mit ihm mit, doch dann lasse ich mich einfach fallen und mache mich schwer. Papa tut so, als ob er das gar nicht merken würde. Er zieht mich einfach hinter sich her. Wie einen Sack Kartoffeln.

Das Hotel, in dem wir wohnen, ist super. Das heißt, normalerweise würde ich es super finden. Es hat einen supergroßen Spielplatz mit allen möglichen Superspielgeräten und ein Superschwimmbecken

95

mit einer Superrutsche. Außerdem gibt es eine Supereisbar, wo man umsonst so viel Eis essen kann, wie man will. Wir haben ein Superzimmer mit einem Superbalkon. Das Essen schmeckt super und alle sind supernett. Doch ich habe trotzdem superschlechte Laune. Ich sitze den ganzen Tag in meinem Schneeanzug unter einem Sonnenschirm. Die Mütze und Handschuhe habe ich auch noch an. Ich esse auch kein Eis. Ich will Schnee, und zwar viel davon. Echten Schnee, nicht nur einen Eisbecher voll. Ich trinke stattdessen einen heißen Tee nach dem anderen. Am Nordpol würde ich das genauso machen. Wenn ich beim Iglubauen eine Pause bräuchte, würde ich mich hinsetzen und einen heißen Tee trinken, der mich ordentlich aufwärmt.

„Willst du nicht endlich diesen albernen Schneeanzug ausziehen?",

fragt mich Papa. Er fragt das mindestens fünfmal pro Stunde und bekommt immer die gleiche Antwort von mir:

„Nein!"

„Du wirst noch einen Hitzschlag bekommen, wenn du weiter in diesem Ding rumläufst."

„Ich ziehe den Anzug erst aus, wenn ich mein Iglu gebaut habe", sage ich und ziehe mir die Mütze noch etwas tiefer ins Gesicht.

Mama ist genervt. Sie hebt einen Zeigefinger und droht mir.

„Wenn du nicht in zehn Minuten einen Bikini angezogen hast, werfen wir dich ins Wasser. Also überleg's dir. In zehn Minuten hast du dich umgezogen oder du schwimmst so im Pool, wie du jetzt bist."

Sie hat eindeutig die Geduld verloren. Sie kann ziemlich unge-

mütlich werden, wenn sie die Geduld verliert. Deshalb stehe ich auch sofort auf und gehe in unser Hotelzimmer. Ich ziehe den Schneeanzug aus und springe kurz unter die Dusche. Ich bin total verschwitzt. Danach trockne ich mich ab und ziehe meinen blauen Bikini an. Das ist der hässlichste, den ich habe. Wie ich darin aussehe, interessiert mich heute nicht, denn obendrüber ziehe ich wieder meinen Schneeanzug an. Dazu wieder Mütze, Schal und Handschuhe. Völlig vermummt gehe ich zurück zum Pool.

„Du willst uns wohl wahnsinnig machen?", sagt Papa verzweifelt.

„Wo sind deine Badesachen?", fragt Mama und guckt mich böse an.

Ich ziehe den Reißverschluss des Schneeanzugs auf und zeige ihr den blauen Bikini. Mama macht ein genervtes Gesicht. Dann winkt sie ab, als ob ihr alles egal wäre, und springt ins Wasser. Papa kommt zu mir herüber und kniet sich vor mich hin.

„Hör mal, Laura."

Ich antworte ihm nicht, sondern gucke ihn nur misstrauisch an. Papa ist nicht so streng wie Mama. Und gegen meinen Dickkopf hat er fast nie eine Chance. Aber manchmal hat er hinterhältige Tricks auf Lager. Da muss man aufpassen.

„Guck mal. Eigentlich ist doch morgen erst Weihnachten. Warte doch erst mal ab, ob du nicht vielleicht doch dein Iglu bekommst. So lange kannst du doch ruhig den blöden Anzug ausziehen und das schöne Wetter genießen."

„Mach ich nicht. Dummer Trick", sage ich und verschränke demonstrativ die Arme vor der Brust. Allerdings ist mir mittlerweile ziemlich heiß, denn wir stehen die ganze Zeit in der Sonne. Ich merke, wie mir überall der Schweiß runterläuft und sich in meinen Stiefeln sammelt.

98

„Und wenn ich dir ganz fest verspreche, dass du morgen dein Iglu bekommst?"

„Da glaube ich nicht dran."

„Du weißt, dass ich meine Versprechen immer halte."

„Du willst es mir wirklich versprechen?", frage ich nach. Hoffentlich macht Papa jetzt keinen Rückzieher. Ich kann es nämlich plötzlich kaum erwarten, aus den ganzen Klamotten rauszukommen.

„Hoch und heilig versprochen", sagt Papa und macht ein ernstes Gesicht, dem ich einfach glauben muss.

„Wehe nicht", sage ich. Dann reiße ich mir die Mütze und den Schal vom Kopf und ziehe mir Handschuhe und Stiefel aus. Zum Schluss springe ich aus dem Schneeanzug und direkt ins Wasser hinein. Papa kommt gleich hinterher, doch unsere übliche Wasserschlacht fällt aus. Der soll erst mal beweisen, dass er Wort halten kann.

Der nächste Tag fühlt sich gar nicht nach Weihnachten an. Es sind 35 Grad im Schatten und das Wasser im Pool hat eine Temperatur von 30 Grad. Fast wie in der Badewanne und auf alle Fälle überhaupt nicht wie Weihnachten.

Zum Mittag gibt es tropische Früchte und Salat. Mama und Papa essen dazu noch Hummer. Ich will keinen Hummer, weil ich weiß, dass die meistens lebend in den Kochtopf geworfen werden. So was find ich gemein. Deshalb bleibe ich lieber bei Salat und Früchten. Danach gehe ich mit Mama an den Strand. Doch so toll finde ich das hier nicht. Der Sand ist glühend heiß unter meinen Füßen und ins Wasser will ich auch nicht. Vom Meerwasser juckt mir immer die Haut.

99

„Warum ist Papa nicht mitgekommen?", frage ich Mama.

„Der muss noch was besorgen."

Das hat bestimmt mit meinem Iglu zu tun. Da bin ich aber gespannt, wie er in dieser Wüste genug Schnee für ein Iglu auftreiben will. Da müsste er schon ein Wunder vollbringen.

„Wann gehen wir denn endlich wieder zurück?", frage ich nach fünf Minuten.

Mama legt die Zeitung beiseite und guckt auf die Uhr.

„Lass uns noch zwei Stunden in der Sonne braten. Danach sind wir bestimmt beide in der Stimmung für Papas Überraschung."

„Na gut", sage ich und beginne ein Loch in den Sand zu graben. Vielleicht kann ich mich ja bis zum Nordpol durcharbeiten. Dann würde ich doch noch mein Iglu kriegen. Denn dass Papa Wunder vollbringen kann, glaube ich ehrlich gesagt nicht.

Die zwei Stunden kommen mir wie Tage vor. Als Mama endlich ihre Sachen zusammenpackt, habe ich mich fast schon bis nach Norwegen durchgebuddelt. Mama muss mir sogar beim Herausklettern helfen. Danach klopft sie mir den Sand vom Rücken und wir gehen endlich zurück zum Hotel.

In unserem Zimmer holt Mama meinen Schneeanzug aus dem Schrank und wirft ihn auf mein Bett. Mütze, Schal und Handschuhe fliegen hinterher.

„Hier, zieh das an", sagt sie und zieht sich selber ein T-Shirt über den Kopf.

„Soll ich wirklich?", frage ich, denn eigentlich bin ich nicht so scharf darauf, wieder in den warmen Klamotten herumzulaufen.

„Du machst mich noch wahnsinnig", sagt Mama, „erst willst du das

Ding nicht ausziehen und jetzt willst du es nicht mehr anziehen. Mach doch, was du willst. Ich ziehe mir jedenfalls alles an, was ich kriegen kann."

Ich gucke zu, wie sich Mama ein T-Shirt nach dem anderen überstreift. Dann kommen alle ihre Blusen und Hemden obendrüber.

„Mach schon. Zieh deinen Anzug an. Ich habe keine Lust, auf dich zu warten. Ich schwitze mich jetzt schon dumm und dämlich."

Sie meint es wirklich ernst. Ich schlüpfe also in meinen Schneeanzug und setze mir die Mütze auf. Als ich mir den Schal um den Hals wickle, zieht Mama gerade die vierte Hose an. Danach kommen noch drei lange Röcke und zwei Tücher, die sie sich um den Kopf wickelt.

„Warum ziehen wir uns so dick an?", frage ich.

„Wir gehen zum Nordpol", antwortet Mama und dann nimmt sie meine Hand und führt mich aus dem Zimmer.

Im Fahrstuhl holt sie einen Schlüssel aus der Tasche und steckt ihn in ein Schloss.

„Wofür ist denn der Schlüssel?", frage ich, denn bisher haben wir noch nie einen Schlüssel gebraucht, um mit dem Fahrstuhl zu fahren.

„Abwarten", antwortet Mama. Dann dreht sie den Schlüssel und der Fahrstuhl setzt sich in Bewegung. Ich versuche zu spüren, in welche Richtung wir fahren, bin mir aber nicht ganz sicher. Die haben hier den langsamsten Fahrstuhl der Welt. Wenn die Türen zugehen, hat man immer das Gefühl, es passiert überhaupt nichts. Das fühlt sich wie der totale Stillstand an.

„Bewegt sich der doofe Fahrstuhl überhaupt?", frage ich Mama.

„Merkst du das nicht?"

„Nö", sage ich und schon gehen die Türen wieder auf. Wir laufen durch einen breiten, kahlen Gang ohne Fenster. Alle paar Meter hängen Leuchtstoffröhren an der Wand, die ein kaltes Licht abgeben. Aus der Ferne höre ich gedämpfte Stimmen und ein Klirren und Klappern. Ein bisschen unheimlich ist es hier. Das sieht gar nicht mehr nach unserem Hotel aus. Überhaupt nicht freundlich, überhaupt nicht schön.

Als wir um eine Ecke biegen, werden die Geräusche lauter. Ein Hotelangestellter im schwarzen Anzug kommt uns entgegen. Er lächelt uns zu, als ob wir alte Freunde wären. Wir gehen weiter und kommen in eine riesige Küche. Überall wuseln Köche und Kellner herum und bestücken kleine Servierwagen mit leckeren Sachen. Mama bleibt vor einer großen silbernen Tür stehen, die unheimlich schwer aussieht.

„Bereit für die Bescherung?", fragt Mama.

„Immer", sage ich.

„Na, dann: Fröhliche Weihnachten."

Mama zieht die schwere Tür auf und schiebt mich in den größten Eisschrank der Welt. Der Raum ist fünfmal so groß wie unser Hotelzimmer. An den Wänden stehen Regale voller Lebensmittel. Alles ist tiefgefroren. Die Kälte beißt mich in die Nase und lässt meinen Atem in kleinen Wolken hochsteigen. Aber in meinem Schneeanzug ist es mollig warm. Papa steht in der Mitte des Raumes an einem Tisch und dreht an einer Kurbel. Ihm scheint nicht so mollig warm zu sein. Genau wie Mama hat er alles angezogen, was er mitgenommen hat. Ein Mann steht neben ihm und schüttet Eiswürfel in die Maschine, an der Papa kurbelt.

„Fröhliche Weihnachten!", sagt der Mann und grinst ein gefrorenes Lächeln.

„Augen zu!", ruft Papa, als er mich sieht. Ich mache sofort die Augen zu und werde ein Stück weiter nach vorne geführt. Dann geht es noch zwei Schritte um die Ecke.

„Augen auf!", sagt Papa und ich gehorche sofort.

Vor mir liegt ein riesiger Berg Schnee. Zwei Köpfe größer, als ich selber bin, und bestimmt genug, um daraus ein schönes Iglu zu bauen. Ich stoße einen Freudenschrei aus. Dann umarme ich meine Eltern und bedanke mich schnell, bevor ich mit einem Hechtsprung in den Schnee springe. Es ist zwar eher zerstoßenes Eis als echter Schnee, aber auf alle Fälle astreines Iglu-Baumaterial. Und obwohl ich weiß, dass ich das fertige Iglu nicht mit nach Hause nehmen kann, ist das doch das schönste Geschenk, das ich jemals bekommen habe.

15

Rose Lagercrantz
Metteborgs Flohmarkt

Es waren nur noch wenige Tage bis zu den Weihnachtsferien. Knubbel hatte schon alle seine Weihnachtsgeschenke beisammen. Dunja war schon seit einer ganzen Woche fertig. Aber Metteborg wusste immer noch nicht, was er seiner Familie schenken sollte. Nicht mal seiner Großmutter, die gerade zu Besuch gekommen war, um Weihnachten mit ihnen zu feiern. Und sie hatte einen Haufen Pakete mitgebracht.

FRÖHLICHE WEIHNACHTEN, METTEBORG!, stand auf dem größten.

In dieser Nacht konnte Metteborg nicht schlafen. Was sollte er seiner lieben Großmutter schenken?

Am nächsten Tag hatte er das alles wieder vergessen. Es fiel ihm erst wieder ein, als er von der Schule kam und auf dem Nachhauseweg war. Da blieb er mitten auf der Straße stehen.

„Heute können wir nicht spielen", erklärte er Knubbel und Dunja.

„Warum nicht?", fragte Dunja enttäuscht.

„Ich muss ein Weihnachtsgeschenk für meine Großmutter machen", sagte Metteborg.

„Machen!", rief Knubbel. „Musst du doch nicht!"

„Wieso?", fragte Metteborg.

„Kauf eine Flasche Parfüm!", schlug Knubbel vor.

„Ich hab kein Geld", sagte Metteborg seufzend.

„Wir machen einen Flohmarkt!", sagte Knubbel, nachdem er kurz nachgedacht hatte.

„Jaaa!", schrie Dunja. „Wir gehen zu dir nach Hause und machen einen Flohmarkt."

Aber Metteborg wusste überhaupt nicht, was so ein Flohmarkt sein sollte.

„Ein Flohmarkt bedeutet, dass man Sachen verkauft, die man selber nicht mehr haben will, weil sie so alt und hässlich sind", erklärte Knubbel.

„Okay", sagte Metteborg, „dann gehen wir zu mir nach Hause und machen einen Flohmarkt."

Bei Metteborg war niemand zu Hause, aber das war nur gut so. Jetzt konnten sie in aller Ruhe ihren Flohmarkt vorbereiten. Knubbel sah sich nach Sachen um, die man verkaufen konnte, aber alles sah ziemlich neu und gut aus.

„Habt ihr Vasen, die ihr gern loswerden wollt?", fragte er.

Metteborg öffnete einen Schrank. Der war voller alter Sachen, wirklich uralt. Sie brauchten nur zuzugreifen.

Bald hatten sie ein ganzes Schrankfach geleert.

Das Einzige, was noch übrig blieb, war ein Holzkästchen, das sich nicht öffnen ließ.

„Was ist das denn?", fragte Knubbel.

„Weiß ich nicht", antwortete Metteborg.

„Vielleicht ein Nähkästchen", sagte Dunja.

„Das nehmen wir auch mit", sagte Knubbel. Er trug den Kasten

hinunter auf die Straße, wo alle anderen Sachen schon aufgereiht standen.

Dann malten sie ein Schild, stellten es auf und warteten auf Kunden.

Aber sie mussten lange warten. Kein Mensch kam vorbei.

Schließlich entdeckten sie einen älteren Herrn, der seinen Hund ausführte. Knubbel lief auf ihn zu und hielt ihm eine Vase hin.

„Brauchen Sie nicht ein Weihnachtsgeschenk für Ihre Frau?", fragte er.

Der alte Herr nahm die Vase, drehte sie um und las, was auf dem Boden stand.

„Donnerwetter", sagte er. „Was soll sie kosten?"

Knubbel dachte kurz nach.

„Vier Euro!", sagte er schnell.

„Nicht mehr?", rief der alte Herr erstaunt aus. „Was sagt denn deine Mama, wenn du sie so billig verkaufst?"

„Die Vase gehört nicht meiner Mama", erklärte Knubbel. „Sie gehört seiner Mama!" Er zeigte auf Metteborg.

„Und was sagt deine Mama?", fragte der alte Herr.

„Sie weiß nichts davon", sagte Metteborg. „Es soll eine Überraschung sein."

„Eine nette Überraschung", sagte der alte Herr, gab Metteborg die Vase zurück und ging weiter.

Enttäuscht sahen sie ihm nach. Dann ordneten sie alle Sachen anders an, damit sie besser zu sehen waren.

Am besten war das grüne Holzkästchen mit den Blumen auf dem Deckel zu sehen. Schade, dass es sich nicht öffnen ließ. Den Kasten mussten sie wahrscheinlich billiger als die anderen Sachen verkaufen.

Als sie gerade ins Haus gehen wollten, um sich aufzuwärmen, kam ein Bus angefahren und hielt.

„Hallo!", rief der Fahrer. „Wisst ihr, wo es hier in der Nähe eine Konditorei gibt?"

Das wussten sie. Während sie den Weg erklärten, entdeckte jemand im Bus all die Sachen …

Plötzlich öffnete sich die Bustür und heraus strömten viele Frauen, die sehen wollten, was da verkauft wurde.

„Warum gibt es keine Preisschilder?", beklagten sie sich.

Knubbel und Metteborg sahen einander an. Preisschilder? Daran hatten sie nicht gedacht! Aber Knubbel wusste sofort eine Antwort.

„Weil alles gleich viel kostet", erklärte er. „Jedes Stück kostet vier Euro, nur der Kasten nicht. Der kostet nur zwei, weil er nicht aufgeht."

„Das macht nichts", sagte eine der Frauen. „Ich nehm ihn."

„Ich biete zehn", sagte eine andere.

„Zehn Euro für den hübschen Kasten! Ich bezahle zwanzig", rief eine dritte.

„Ich hab ihn entdeckt!", sagte die erste Frau, holte ihr Portmonee hervor und gab Knubbel einen glänzenden Zweier.

Damit war die Sache erledigt. Die anderen Frauen mussten sich mit Vasen, Krügen und diesem und jenem begnügen. Sie kauften alles auf. Sogar die uralten und potthässlichen Kerzenhalter, mit denen Knubbel in letzter Sekunde angelaufen kam. Dann stiegen die Frauen wieder in den Bus und fuhren weiter.

Zurück blieben Knubbel und Dunja und halfen Metteborg, das Geld zu zählen. In weniger als zehn Minuten war er reich wie ein König geworden!

„Reich wie ein Troll", sagte Knubbel. „Sechsunddreißig Euro!"

Als Metteborgs Mama und Großmutter nach Hause kamen, wurden sie mit fröhlichem Geschrei empfangen.

„Wir haben Geld verdient! Massenhaft Geld!", schrie Metteborg.

„Wie schön!", sagte seine Großmutter. „Wie habt ihr das denn angestellt?"

„Wir haben einen Flohmarkt gemacht", antwortete Knubbel.

„Ach", sagte Metteborgs Mama, „und was habt ihr verkauft, wenn man fragen darf?"

„Nur ein paar Vasen und so was", sagte Metteborg. „Und einen alten Nähkasten, der sich nicht öffnen ließ."

Metteborgs Mama sah aus, als traute sie ihren Ohren nicht.

„Ihr habt das Nähkästchen verkauft?", rief sie aus und sah erschrocken Metteborgs Großmutter an.

Großmutter sah aus, als wollte sie in Ohnmacht fallen.

Sie bekamen sie kaum die Treppe hinauf.

Sobald sie in die Wohnung kamen, sank sie auf einen Stuhl. Sie hatte einen Schock.

Metteborgs Mama stürzte zum Telefon und rief Metteborgs Papa an.

„Komm sofort nach Hause!", befahl sie.

Metteborg sah besorgt von einem zum anderen. Sogar Knubbel und Dunja sahen ein wenig ängstlich aus.

„Ich muss jetzt wohl gehen", sagte Knubbel und schlich zur Tür hinaus.

„Ich auch", sagte Dunja und schlich hinterher.

Nicht mal sie hatte Mut zu bleiben.

Noch nie war Metteborgs Papa so schnell nach Hause gekommen.

„Was ist passiert?", schrie er.

„Metteborg hat das Nähkästchen verkauft", erklärte seine Mama.

„Bist du von allen guten Geistern verlassen, Kind!", schrie Papa und starrte Metteborg an.

Metteborg verstand gar nichts. Was hatte er getan? Was war schon dabei, einen alten Nähkasten zu verkaufen, der sich nicht öffnen ließ?

Metteborg konnte ja nicht wissen, dass seine Großmutter ihren Schmuck in dem Kästchen verwahrte – all ihre Ketten und Armbänder und den fantastischen Diamantring.

Das machte sie, um die Diebe in die Irre zu führen.

Welcher Dieb ist schon so schlau, dass er in einem Nähkästchen nach Juwelen sucht? Diebe suchen in Schmuckkästchen.

Metteborgs Großmutter besaß so ein Kästchen – aber das war voller Nähnadeln und Scheren und Garnrollen!

Als Metteborg begriff, was er angerichtet hatte, war er so verzweifelt, dass er anfing zu weinen.

Jetzt war das ganze schöne Weihnachtsfest zerstört!

Sein Papa fragte, wer das Kästchen gekauft hatte, aber Metteborg musste so sehr weinen, dass er nicht antworten konnte.

„Versuch dich dran zu erinnern, wer es war!", brüllte sein Papa.

„Eine Frau", schluchzte Metteborg endlich.

„Was für eine Frau? Wie hat sie ausgesehen?"

Aber Metteborg war viel zu unglücklich, als dass er sich hätte erinnern können.

Er konnte nicht mal sagen, was für ein Auto die Frau gehabt hatte.

„Denk nach!", befahl sein Papa. „War es rot, blau oder grün?"

Da endlich fiel Metteborg ein, wie es gewesen war.

Die Frau war mit einem Bus gekommen.

„Ein Bus?"

„Ja, ein Minibus. Mit vielen anderen Frauen."

„Komm", sagte Metteborgs Papa.

Sie machten eine Autofahrt, die Metteborg nie vergessen würde! Sein Papa fuhr wie ein Verrückter! Sie mussten ja den Bus einholen.

Aber nirgends war ein Minibus zu sehen. Nach einer Viertelstunde

gab Papa auf, wischte sich den Schweiß von der Stirn und sagte, er hätte Kopfschmerzen.

„Ich brauch eine Tablette", stöhnte er und hielt vor der Konditorei an. „Warte hier, ich geh rein und hol mir ein Glas Wasser."

Aber Metteborg musste seine Beine ein bisschen strecken. Er stieg aus und schaute in die Konditorei, wo die Leute Kaffee tranken und Torte aßen und es nett hatten. Glückliche Leute, die an diesem Tag kein Nähkästchen verkauft hatten!

Höchstens gekauft...

Plötzlich heulte Metteborg auf.

Er rannte zu seinem Papa und zerrte an seinem Ärmel.

„Papa", zischte er, „Papa, ich hab es gefunden, das Nähkästchen!"

„Wo?"

„Da!" Metteborg zeigte auf einen Tisch.

Da kam Leben in seinen Papa.

„Weg da!", schrie er und stürmte in den anderen Raum... wo das Nähkästchen mitten auf einem der Tische thronte.

„Entschuldigung", sagte Metteborgs Papa zu einer der Frauen, die um den Tisch saßen, „aber dieses Nähkästchen gehört uns!"

Die Frauen waren still und starrten ihn an. Alle in der Konditorei starrten ihn an.

„Nein, das gehört mir", sagte schließlich eine der Frauen. „Ich habe es eben gekauft."

„Dann muss ich Sie bitten, mir das Kästchen zurückzuverkaufen", sagte Metteborgs Papa, holte seine Brieftasche hervor und hielt der Frau einen ganzen Zwanziger hin!

Aber die Frau schüttelte den Kopf. „Leider! Das Nähkästchen ist nicht zu verkaufen."

Da nahm Metteborgs Papa einen Fünfziger aus seiner Brieftasche! Aber die Frau wollte das Kästchen trotzdem nicht wieder hergeben!

Aber schließlich gab sie es ihm doch.

Dann geschah das Merkwürdige. Metteborgs Papa zauberte einen Schlüssel hervor und schloss den Kasten auf.

„Ich will nur nachschauen, ob noch alles da ist!", sagte er.

Als die Frauen all die Juwelen sahen, fielen ihnen fast die Kaffeetassen aus der Hand. Und die, die den Kasten eben noch besessen hatte, sagte säuerlich:

„Und die anderen? Müssen die ihre Sachen nicht auch zurückgeben?"

„Hat noch jemand meinem Sohn etwas abgekauft?", fragte Metteborgs Papa. „Dann möchte ich die Sachen auch zurückkaufen."

Die Frauen seufzten schwer. Es war gar nicht schön, die Schnäppchen zurückzugeben, aber ihnen war klar, dass sie es mussten.

Plötzlich waren die Kopfschmerzen von Metteborgs Papa wie weggeblasen. Er kaufte ein Pfefferkuchenherz für Metteborg und dann gingen sie hinaus und kauften eine Flasche Parfüm für Großmutter.

Metteborg war für den Rest des Tages glücklich.

Und den ganzen Abend.

Und nachts schlief er sehr gut.

Als er am nächsten Morgen erwachte, war er immer noch glücklich. Als Erstes fiel ihm ein, was für ein schönes Weihnachtsgeschenk er für seine Großmutter gekauft hatte.

Zufrieden schlief er wieder ein – verschlief ... und kam ein bisschen zu spät zur Schule.

Leise wischte er in die Klasse und glitt auf seinen Platz. Dann sah er sich um. Erst guckte er Knubbel an, der rechnete. Knubbel ist so gut in Mathe! Er ist in allem gut!

Dann sah Metteborg Benni Bing-Bong an. Benni ist gut im Neue-Spiele-Erfinden.

Ein Spiel geht so, dass man herumrennt und versucht nach den anderen zu spucken. Wer getroffen wird, stirbt. Dann guckte Metteborg Dunja an, die so hübsch und lieb ist. Sie guckte er so lange an, dass sie es merkte.

Da wurde Metteborg verlegen und nahm endlich sein Mathebuch vor. Aber er konnte nicht rechnen, denn jetzt musste er wieder an die Sache mit den Weihnachtsgeschenken denken. Ihm fehlten immer noch welche. Er stupste Knubbel an.

„Ich muss noch was für meine Mama kaufen!", flüsterte er. „Und für meinen Papa und meine Schwester und meinen Bruder...", fuhr er fort.

Knubbel rechnete.

„Was soll ich bloß machen?", fragte Metteborg. „Das ganze Flohmarkt-Geld ist für Großmutters Weihnachtsgeschenk draufgegangen."

Aber Knubbel rechnete und rechnete.

Plötzlich hatte Metteborg eine Idee! Eine fantastische Idee! Dass er nicht gleich darauf gekommen war.

Wieder stupste er Knubbel an.

„Knubbel!", flüsterte er. „Jetzt weiß ich! Heute gehen wir zu dir nach Hause und machen einen Flohmarkt!"

Eva Marder
Der gläserne Vogel

Die Schachtel mit dem Christbaumschmuck war groß und grün und mit Sternen bedruckt. Keine andere Schachtel auf dem Speicher sah von außen so feierlich aus. Schon daran merkte man, dass etwas Besonderes darin lag.

Da gab es Eiszapfen und schillernde Kugeln. Es gab Engel aus Wachs und Glitzerpapier. Es gab Sterne aus Strohhalmen und Glocken mit einem hellen Klang.

Das Schönste aber war der gläserne Vogel. Er war das Älteste unter all dem Christbaumschmuck. Ja, er war sogar das Älteste in Xanders Familie. Schon der Urgroßvater hatte ihn jedes Jahr an den Christbaum gehängt.

Seit dem ersten Advent juckte es Xander in den Fingern – juckte und juckte. Er wollte den Vogel vor Weihnachten sehen und anfassen.

Der Nikolaustag ging vorbei, der zweite Advent und der dritte – und eines Tages hielt Xander es nicht mehr aus. Als die Mutter zum Laden an der Ecke gegangen war, nahm er den Speicherschlüssel vom Haken und schlich die Speichertreppe hinauf. Oben war es dunkler als im Treppenhaus und stiller. Xanders leise Schritte schienen zu dröhnen.

Kaum bekam er das Schloss auf vor Aufregung.

Er holte die Schachtel aus ihrem Winkel und stellte sie dahin, wo mehr Licht war. Dann knüpfte er den Bindfaden auf, hob den Deckel hoch – und sah lauter Seidenpapier. Die Mutter wickelte jedes Stück immer sorgfältig ein.

Für die Eiszapfen nahm sie hellblaues Papier, für die Kugeln grünes, für die Engel rotes, für die Glocken gelbes und für die Sterne rosa Papier. Doch all die bunten Farben ließen Xander kalt. Seine Augen suchten das weiße Papier, in das der gläserne Vogel eingeschlagen war. Als er es berührte, kribbelten seine Finger – als ob er etwas Elektrisches anfasste. Behutsam wickelte Xander ein weißes Papier ab und noch eins und ein drittes. Und da lag der Vogel – mit Schwanz- und Flügelspitzen aus gesponnenem Glas.

Die Dämmerung kroch durch die Speicherfenster, aber der Vogel schimmerte. Ein geheimnisvolles Licht ging von ihm aus. Ein Licht, das die Dämmerung verscheuchte.

Doch wer sich so lange nach etwas gesehnt hat, dem ist Anschauen auf die Dauer zu wenig. Und schon hielt Xander den Vogel in beiden Händen. Er war leichter als ein Schmetterling und er sah lebendig aus – und sein Herz klopfte. Aber das war Xanders eigenes Herz. Es klopfte und pochte – und pochte und klopfte. Und seine Hände waren feucht und glitschig.

Und plötzlich gab es keinen gläsernen Vogel mehr – nur noch Splitter. „Oh", sagte Xander und in seiner Stimme klang solch ein Schrecken, als hätte er eine Scheune angezündet. „Oh!" Lange saß er da und hielt die Splitter aneinander – ob man sie vielleicht kleben konnte?

Doch wie soll jemand winzige Splitter kleben!

Wenn ich den gläsernen Vogel nicht ganz machen kann, muss ich einen neuen finden, dachte Xander. Aber wo fand man einen Vogel, der so alt war, dass er schon am Christbaum des Urgroßvaters gehangen hatte? Womöglich beim Trödler, der mit alten Sachen handelte.

Ohne die großen und kleinen Splitter wegzuschieben lief er die Treppen hinunter.

Der eine Trödelladen lag am Elefantenweg. Als Xander die Tür aufmachte, schepperte die Messingglocke – und beim Zumachen noch einmal. Grell und laut schepperte sie und der dürre, vertrocknete Mann im Laden schaute mürrisch drein.

„Ich…", stotterte Xander. „Ich – wollte – bloß fragen, ob Sie – einen alten gläsernen Vogel haben."

„Hinten", brummte der Mann und zeigte mit dem Daumen über die Schulter. Es standen drei gläserne Vögel in der Ecke – große hässliche Viecher mit aufgesperrtem Schnabel.

„Nicht solche", sagte Xander. „Ich möchte einen für den Baum."

„Ich verkaufe keinen Christbaumschmuck", entgegnete der Mann und sah ihn zornig an.

„Ich hab's nicht bös gemeint", murmelte Xander und rannte hinaus. Hinter ihm schepperte die Messingglocke.

Aus einem Laden fiel Neonlicht auf die Brunnenfigur und malte ihr ein Gespenstergesicht mit dunklen Augenhöhlen. Inzwischen war es dunkler und kälter geworden. Schneesterne tanzten in der Luft – und der Atem stand wie Rauch vor Xanders Mund.

Er bog in den Bärengraben ein, wo der andere Trödelladen war.

Von außen ähnelte er dem am Elefantenweg – mit den bemalten Schalen und Gläsern, den zinnernen Bechern und Tellern, den Ketten

und Ringen aus Korallen und Granaten. Auch innen gab es keinen großen Unterschied. Nur stand hier kein vertrockneter Birnenmann, sondern eine Frau mit einem Gesicht, so weich wie ein Kopfkissen. Und die Glocke an der Tür läutete in lauter verschiedenen Tönen, fast wie ein Glockenspiel.

„Haben Sie zufällig einen gläsernen Vogel?", fragte Xander.

„Einen gläsernen Vogel?", wiederholte die Bärengruberin. „Was für einen meinst du denn?"

„Einen für den Christbaum, einen ganz alten." Und er erzählte die Geschichte von dem Vogel, den schon der Urgroßvater an seinen Baum gehängt hatte.

„Solche Vögel sind rar", antwortete die Bärengruberin. „Wie hieß sie nur gleich, die alte Dame, die mir einen angeboten hat? Pawlowski? Kaminski? Wondraschek? Nein, es war ein anderer Name – aber sie wohnt in der Paradiesgasse."

„Und – haben Sie ihn genommen, den gläsernen Vogel aus der Paradiesgasse?", fragte Xander atemlos.

Die Bärengruberin schüttelte den Kopf.

„Dann hat sie ihn vielleicht noch – die alte Dame mit dem schwierigen Namen?"

„Kann sein. Kann auch nicht sein."

„Danke", sagte Xander. Er ging hinaus, und das Glockenspiel läutete in lauter verschiedenen Tönen.

Die Paradiesgasse war die kleinste von allen Gassen der Stadt. Auf jeder Seite standen sieben Häuser. Doch wer in zweimal sieben Häusern nach einer alten Dame fragen muss, deren Namen er nicht kennt – dem kommt die Paradiesgasse ziemlich groß vor.

Xander fing im ersten Haus auf der linken Seite an.

„Wohnt hier eine alte Dame?", fragte er die junge Frau, die im Erdgeschoss die Tür aufmachte.

„Du sollst wohl etwas abgeben und hast den Namen vergessen", meinte die junge Frau und lachte.

Xander nickte. Dass er etwas abholen wollte, war bestimmt nicht weiter wichtig.

„Im zweiten Stock wohnt Frau Neugebauer. Ist das der richtige Name?"

„Nein", entgegnete Xander, „er muss schwieriger sein."

„Dann fragst du besser im nächsten Haus."

„Wohnt hier eine alte Dame mit einem schwierigen Namen?", fragte Xander im Haus gegenüber.

„Nein, hier wohnt ein alter Mann, und der heißt Huber – ganz einfach Huber", sagte der alte Mann und lachte schallend wie über einen richtig guten Witz.

„Wohnt hier eine alte Dame?", fragte Xander den großen Jungen an der Tür nebenan.

„Bei uns nicht. Wie heißt sie denn?"

„Ziemlich schwierig – und sie hat einen gläsernen Vogel", antwortete Xander verlegen.

„Du hast selber einen Vogel. Klingelst die Leute heraus und weißt nicht, zu wem du willst." Die Tür fiel zu und Xander stand allein im Treppenhaus.

„Wohnt hier eine alte Dame?", fragte Xander viele Häuser später. Er hatte es schon so oft gefragt, dass er nicht einmal hochschaute. Wahrscheinlich lebten überhaupt keine alten Damen in der Paradiesgasse – keine mit einem schwierigen Namen. Wahrscheinlich hatte die Bärengruberin sich geirrt und Xander suchte in der falschen Gasse.

„Ja, hier wohnt eine alte Dame", sagte eine helle Stimme, und der

Junge hob den Kopf. Vor ihm stand eine alte Dame mit silbergrauem Haar und rosa Backen. „Oh", sagte er und vergaß weiterzusprechen. Wenn es in der Paradiesgasse einen gläsernen Vogel gab, musste er hinter dieser Tür zu finden sein.

„Du willst also eine alte Dame besuchen und weißt noch nicht genau, welche", sagte die alte Dame.

„Sie muss einen schwierigen Namen haben", erklärte Xander.

„Ist Rosinski schwierig genug?"

Xander nickte. Von dem Vogel sagte er noch nichts, weil man fremden Leuten nicht gleich mit einem gläsernen Vogel in die Tür fallen kann. Bei einem schwierigen Namen musste alles andere leicht sein. Jedenfalls war es sehr leicht, Fräulein Rosinski zu besuchen. Ehe sich's Xander versah, saß er bei ihr im Zimmer und hatte einen Teller voll Lebkuchen vor sich stehen.

„Zum Essen bin ich eigentlich nicht hergekommen", meinte er, als nur noch Krümel übrig waren.

„Nein? Hat es dir nicht geschmeckt?"

„Doch", entgegnete Xander – und erst jetzt sah er sich um. Ein alter Schreibtisch stand da, den man zuklappen konnte – einer mit eingelegten farbigen Hölzern. Die Polster vom Sofa und von den Sesseln waren mit Blumen und Schmetterlingen bestickt. Hinter den Bildern steckte Tannengrün und in einem rubinroten Glas goldene Grashalme. Und – unter der Lampe mit den Glastropfen hing ein gläserner Vogel – ein Zwilling von dem, dessen Splitter auf dem Speicher lagen.

„So einen Vogel haben wir auch daheim." Xander machte eine Pause. „Bis heute Nachmittag hatten wir ihn."

„Und wo ist er jetzt?", fragte Fräulein Rosinski. „Ist er weggeflogen?"

Xander ließ den Kopf hängen.

„Er ist also nicht weggeflogen", sagte Fräulein Rosinski.

„Nein. Ich hab ihn zerbrochen."

„Schade, dass wir uns nicht früher begegnet sind", sagte Fräulein Rosinski und blickte zu dem gläsernen Vogel hinauf. „Vorige Woche hat er noch einen Zwillingsbruder gehabt. Der ist mir beim Staubwischen heruntergefallen. Man soll nicht zu reinlich sein, wenn man mit einem gläsernen Vogel umgeht."

„Ich bin zu neugierig gewesen", sagte Xander leise.

Fräulein Rosinski nahm zwei Dosen aus dem Regal – eine blaue und eine weiße. In der weißen war Musik – eine zarte Melodie, als ob silberne Hämmer auf Glas schlügen. In der blauen waren Schokoladenplätzchen. Winzige Schokoladenplätzchen, die jemand für Elfen gemacht haben musste.

In Xanders Jungenhand war Platz für alle – aber er durfte nur immer eins nehmen. „Die sind für Mädchen", sagte er. „Darf ich noch einen Lebkuchen haben?"

Einen Lebkuchen bekam er nicht, weil keine mehr da waren, aber einen Ingwerkeks.

„Er brennt ein wenig", warnte Fräulein Rosinski ihn. „Fast wie schlechtes Gewissen."

Schlechtes Gewissen im Mund war ein komisches Gefühl – und plötzlich sah Xander die Splitter des gläsernen Vogels auf dem Speicher liegen. „Ich muss es meiner Mutter erzählen", sagte er.

Fräulein Rosinski kramte in einer Schublade und gab ihm eine kleine rote Lackdose.

„Da tust du die Splitter hinein", schlug sie vor, „und deine Mutter bindet einen silbernen Faden darum."

„Dann kann er ja doch oben am Christbaum schweben – der silberne Vogel – und niemand weiß, dass er es tut."

„Beinah niemand", bestätigte Fräulein Rosinski. „Und jetzt lauf heim. Es ist spät."

„Danke für alles", sagte Xander. „Auf Wiedersehen!"

Als er draußen stand, kam ihm die Paradiesgasse ganz verzaubert vor. Kaum wusste er noch die Richtung und er machte einen Umweg über den Bärengraben. Einen Augenblick schaute er zur Ladentür der Bärengruberin hinein – und das Glockenspiel läutete in lauter verschiedenen Tönen. „Sie heißt Fräulein Rosinski!", rief er der Bärengruberin zu, die gerade einen alten Rauschgoldengel einwickelte.

„Natürlich, Fräulein Rosinski", sagte sie. „Wie ich das bloß vergessen konnte!"

Und Xander ging weiter – an der Bäckerei vorbei und zur Brunnenfigur. Noch immer hatte sie ein Gespenstergesicht mit dunklen Augenhöhlen; denn noch immer fiel Neonlicht aus dem Laden.

Was Xander seiner Mutter erzählte, blieb ein Geheimnis. Doch am Weihnachtsabend schwebte eine kleine rote Lackdose über den Eiszapfen und Strohsternen. Lautlos schwang sie hin und her. War es die Kerzenwärme, die die Lackdose schwingen ließ? War es ein Luftzug vom Fenster her?

Es konnte auch das Herz des gläsernen Vogels sein, das noch immer klopfte und pochte.

17

David Henry Wilson
Warten auf Weihnachten

„Das Dumme an Weihnachten", sagte Jeremy James, „ist die Zeit dazwischen."

„Wo zwischen?", fragte Mama – sie behängte gerade den Weihnachtsbaum mit Lametta.

„Zwischen irgendwann und Weihnachten", sagte Jeremy James. „Zum Beispiel zwischen heute und Weihnachten. Wenn nichts dazwischen wäre, hätten wir jetzt Weihnachten und ich brauchte nicht auf meine Geschenke zu warten."

„Au!", sagte Papa, der eine Nadel in eine Papiergirlande und in einen Daumen gesteckt hatte. „Verdammte Stecknadeln! Gehen nie dahin, wo man sie hinhaben will."

Es war noch schrecklich lange hin bis Weihnachten – genau eine Woche. Draußen sah die Welt wie ein riesiger Geburtstagskuchen aus, mit Puderzuckerschnee, Kerzenbäumen und Kandishäusern bedeckt. Die Leute auf der Straße waren ganz vermummt, man sah nichts als ihre roten Backen, ihre glänzenden Augen und ihren Dampfatem. Drinnen war es mollig warm. Mama hatte die Zwillinge gebadet und gefüttert, das Haus geputzt, Mittag gekocht und den Weihnachtsbaum geschmückt, während Papa sich mit dem Aufhängen

einer Papiergirlande beschäftigt hatte. Papiergirlanden waren sehr schwer aufzuhängen. Besonders wenn Papa sie aufhängte. Sie schienen einen richtigen Dickkopf zu haben, wenn Papa sie aufhängte: Wenn er ein Ende an der Wand befestigte, schlang sich das andere um seinen Arm und seinen Hals, sodass er es nur entwirren konnte, indem er das Ende, das er schon befestigt hatte, wieder rauszog, aber wenn er es abgemacht hatte, schlang es sich um seinen anderen Arm, und schließlich musste er die Papiergirlande in der Mitte zerreißen, um seine Arme wieder zu finden. Papa konnte Papiergirlanden nicht leiden und wahrscheinlich mochten die Papiergirlanden Papa auch nicht besonders.

„Mama", sagte Jeremy James, „Papa lutscht wieder am Daumen."

„Wir müssen wohl noch ein Pflaster draufkleben", sagte Mama.

„Die Nadel ging glatt durch", sagte Papa. „Noch ein Millimeter, und ihr hättet mich in eine Schmetterlingssammlung aufnehmen können."

„Na", sagte Mama, „hoffentlich erholst du dich rechtzeitig, damit du diese Papiergirlande noch vor Weihnachten aufgehängt kriegst."

„Wie lange ist es noch bis Weihnachten?", fragte Jeremy James.

„Genau zehn Minuten weniger als letztes Mal, als du danach fragtest", sagte Mama. „Eine Woche, mein Junge. Sieben Tage und sieben Nächte."

„Ich glaube nicht, dass ich so lange warten kann", sagte Jeremy James. „Weihnachten müsste früher kommen."

„Du kannst deine Geschenke morgen haben, wenn du willst", sagte Papa. „Bloß, du wirst dann wohl nächste Woche enttäuscht sein, wenn alle anderen ihre Geschenke bekommen und du nichts."

„Du kannst deine auch morgen haben", sagte Jeremy James.

„Nein danke", sagte Papa. „Sonst feiern wir Neujahr mit Ostereiern."

Jeremy James konnte es kaum erwarten, Mama und Papa ihre Geschenke zu geben. Er wollte sie ihnen fast so gern geben, wie er wollte, dass sie ihm seine gaben. Er hatte eine Ewigkeit gespart und sich sehr viele Gedanken über die Geschenke gemacht und er hatte sie heute ganz allein im Süßwarenladen an der Ecke gekauft. Jetzt waren sie an einer sehr geheimen Stelle versteckt, wo nie jemand auf die Idee kommen würde nachzusehen: unter seinem Bett. Es waren zwei Geschenke – das eine war eine bunte Schachtel Lakritzbonbons mit einem Rotkehlchen obendrauf und das andere eine dicke Tafel Schokolade mit dem Weihnachtsmann drauf. Die einzige Schwierigkeit, die Jeremy James mit diesen beiden geradezu idealen Geschenken hatte, war zu entscheiden, wer was kriegen sollte. Er konnte sich gut vorstellen, wie Mama die bunte Schachtel aufmachte und sagte: „Hier, Jeremy James, nimm ein Lakritzbonbon." Aber er konnte sich ebenso gut vorstellen, wie Mama die Schokolade durchbrach und sagte: „Hier, Jeremy James, nimm ein Stück Schokolade!" Andererseits hörte er geradezu, wie Papa sagte: „Jeremy James, hier hast du ein paar Lakritzbonbons." Aber Papa würde natürlich auch sagen: „Hier, Jeremy James, iss ein bisschen Schokolade!"

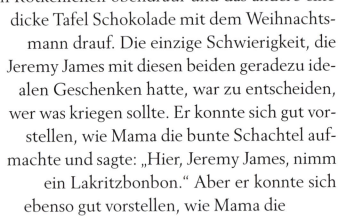

Es war wirklich eine sehr schwierige Entscheidung.

Mamas Weihnachtsbaum sah immer mehr aus wie ein verzauberter Wald und Papas Papiergirlande sah immer mehr aus wie Konfetti. Vielleicht war es am besten, sich auf Mama zu konzentrieren. Zwei Dinge wollte Jeremy James zu gern wissen: Würde Mama lieber Schokolade oder Lakritzbonbons haben wollen, und was wird Jeremy James zu Weihnachten kriegen? Für Mama waren das ganz leichte Fragen, aber Jeremy James wusste aus Erfahrung, dass Erwachsene Fragen nicht sehr gern beantworten. Zum Beispiel hatte er Mama mal gefragt, wie die Zwillinge in ihren Bauch gekommen waren, und da hatte sie es ihm nicht gesagt, obwohl sie es genau gewusst haben musste, denn es war ja schließlich ihr Bauch. Und Papa hatte er mal gefragt, wie viel Geld er hat, und er hatte es ihm auch nicht gesagt, obwohl er es gewusst haben muss, denn es war ja schließlich sein Geld.

Und an einem Sonntag hatte er sie mal gefragt, ob Jesus im Wohnzimmer sei, aber sie hatten ihm nicht geantwortet, obwohl sie es gewusst haben mussten, denn es war schließlich ihr Wohnzimmer. Erwachsene sind sehr schnell bei der Hand, wenn es darum geht, etwas zu fragen, zu befehlen oder zu verbieten oder einen anzutreiben, aber wenn man mal eine Antwort von ihnen will, können sie sehr umständlich sein.

„Mama", sagte Jeremy James und spielte geistesabwesend mit seinem Zeh und einer Stechpal-

menbeere, "was findest du besser – Schokolade oder Lakritzbonbons?"

"Ich finde beides gut", sagte Mama.

"Ja, aber was ist besser?", sagte Jeremy James.

"Manchmal Schokolade und manchmal Lakritzbonbons", sagte Mama. "Kommt drauf an, wie ich mich fühle."

"Wie fühlst du dich meistens?", sagte Jeremy James.

Mama dachte lange und angestrengt nach. "Nachmittags Lakritzbonbons", sagte sie, "und abends Schokolade."

Erwachsene können einem manchmal wirklich auf die Nerven gehen. Jeremy James machte noch einen Versuch.

"Und wie ist es morgens?", sagte er. Aber er wusste schon, bevor sie geantwortet hatte, dass sie sich irgendwie herausreden würde.

"Morgens", sagte Mama, "habe ich überhaupt keinen Appetit auf Süßigkeiten."

Jeremy James trottete zu Papa.

"Papa", sagte er, "was magst du lieber – Schokolade oder Lakritzbonbons?"

Papa schien sehr erfreut zu sein, Jeremy James zu sehen, und er hörte sofort auf an der Papiergirlande zu arbeiten, um über diese Frage nachzudenken.

"Hm", sagte er, "ich mag Schokolade lieber als rosa Lakritzbonbons mit Schwarzem in der Mitte, aber ich mag schwarze Lakritzbonbons mit Weißem in der Mitte lieber als Schokolade. Im Großen und Ganzen, alles in allem gesehen, grundsätzlich würde ich wahrscheinlich sagen, dass es sich ungefähr die Waage hält."

Jeremy James' Gesicht wurde so lang wie der Bart des Weihnachtsmannes.

„Was magst du denn lieber?", fragte Papa.

Jeremy James' Gesicht wurde wieder kürzer. „Ganz einfach", sagte er, „beides."

Mama war jetzt mit dem Weihnachtsbaum fertig, er funkelte wie Diamanten und Smaragde.

„Ich helfe dir jetzt mit diesen Papiergirlanden", sagte sie zu Papa.

„Danke", sagte Papa. „Verflixte Dinger. Allein werd ich damit einfach nicht fertig."

„Du nicht", sagte Mama, mit starker Betonung auf dem Du.

Jeremy James steckte die Hände in die Taschen und trottete zur Wohnzimmertür. Seine erste Frage war in der Tat alles andere als beantwortet worden, und es schien wenig Zweck zu haben, die zweite zu stellen. „Wart nur ab", würden sie sagen oder „Heiligabend wirst du ja sehen". Aber im letzten Moment entschied er sich, doch noch zu fragen.

„Was kriege ich zu Weihnachten?", sagte er.

„Wart nur ab", sagte Papa.

„Heiligabend wirst du ja sehen", sagte Mama.

Erwachsene sind wirklich leicht zu durchschauen.

Und Papa zeigte Mama, wie Papiergirlanden aufgehängt werden sollten, und dann zeigte Mama Papa, wie Papiergirlanden aufgehängt werden können. Jeremy James ging aus dem Zimmer, die Treppe hoch. Er warf einen Blick in das Zimmer der Zwillinge, aber Christopher und Jennifer schliefen beide fest, und selbst wenn sie nicht fest geschlafen hätten, hätten sie ihm nicht helfen können. Babys waren ziemlich nutzlos. Alles, was sie konnten, war essen, schlafen, schreien und Bäuerchen machen. Und die Windeln voll machen. Babys waren, jedenfalls was Jeremy James anging, totale Nieten. Er konnte nicht

begreifen, warum die Erwachsenen so viel Aufhebens um sie machten.

Jeremy James ging in sein Zimmer, kniete sich hin und holte zwei Päckchen unter dem Bett hervor. Kein Zweifel, es waren sehr verlockende Päckchen, und schon wenn man sie nur ansah, lief einem das Wasser im Mund zusammen. Wenn man aber erst den Inhalt der Päckchen sah, lief einem noch viel mehr Wasser im Mund zusammen. Mama und Papa würden Weihnachten wirklich sehr verwöhnt werden. Mehr als mit Schokolade und Lakritzbonbons konnte man einfach nicht verwöhnt werden. Außer natürlich, wenn etwas nicht in Ordnung war mit der Schokolade oder den Lakritzbonbons. Zum Beispiel könnten die Schokoladenfritzen ja unglücklicherweise aus Versehen einen Holzklotz eingepackt haben, und die Lakritzkerle könnten ja aus Versehen die Schachtel mit Kieselsteinen oder Murmeln gefüllt haben. Solche Sachen passieren manchmal. Mama hatte mal ein Stück Bindfaden in der Suppe gefunden und Papa fand immer kleine Insekten im Rosenkohl, und wenn die Suppenonkels und die Rosenkohlheinis solche Schnitzer machen können – wer weiß, wozu dann die Schokoladenfritzen und die Lakritzkerle imstande sind. Es war auf jeden Fall sicherer, man überzeugte sich davon, was in den Päckchen war.

Innen in dem Schokoladenpapier war Schokolade. Dicke, dunkle, weiche Schokolade, mit Rillen zwischen den Vierecken, wo man abbeißen konnte. Jeremy James hätte zu gern gewusst, ob die Schokolade auch so gut schmeckte, wie sie aussah. Vom Aussehen konnte man nie auf den Geschmack schließen. Zum Beispiel, als Jeremy James vor ein paar Wochen Husten hatte, gab ihm Mama eine Flasche mit einer wunderbar aussehenden roten Flüssigkeit darin, aber

die wunderbar aussehende rote Flüssigkeit hatte brrks, grrks geschmeckt, und er hätte sie ausgespuckt, wenn man ihn nicht gezwungen hätte sie runterzuschlucken. Nein, man konnte nie sicher sein, dass gut aussehende Sachen auch wirklich gut schmeckten. Die einzig zuverlässige Methode bestand darin, selber auszuprobieren. Man konnte ja das Silberpapier wieder glatt streichen, damit nicht auffiel, dass etwas fehlte… Und sowieso würde keiner merken, dass in der Schachtel zwei oder drei Lakritzbonbons fehlten, weil ja die anderen Lakritzbonbons zusammenrollen und die Lücke schließen würden… Die Schokolade und die Lakritzbonbons schmeckten wirklich ausgezeichnet, jedes Stück und jedes Bonbon.

An jenem Abend, genau eine Woche vor Weihnachten, hatte Jeremy James schlimme Bauchschmerzen. Niemand sonst in der Familie hatte Bauchschmerzen, aber – wie Papa sagte – Jeremy James konnte sich ja irgendwo was geholt haben. Gott sei Dank war er nach ein paar Tagen wieder quietschfidel, aber Papa und Mama stellten jetzt öfter einen besorgten Gesichtsausdruck bei Jeremy James fest, und zwar besonders immer dann, wenn die Rede auf die Weihnachtsgeschenke kam. Aber am Heiligen Abend war das sorgenvolle Gesicht endgültig verschwunden, und Jeremy James konnte gar nicht mehr aufhören, von den Weihnachtsgeschenken zu reden. Er konnte es nicht mehr erwarten, seine Geschenke zu bekommen, und er konnte es nicht mehr erwarten, seine Geschenke zu verteilen, und er wünschte, die Zeit verginge schneller, und er würde heute Nacht nicht schlafen, sondern auf den Weihnachtsmann warten, und er hätte zu gern gewusst, was der Weihnachtsmann ihm wohl bringt, und ob Mama und Papa wohl wussten, was Jeremy James für sie hatte? Er könnte es ihnen jetzt sagen, wenn sie wollten. Und er hätte

auch nichts dagegen, wenn sie ihm sagten, was er kriegt. Er hätte nichts dagegen, seine Geschenke jetzt sofort zu verteilen und zu bekommen. Was, erst morgen? Meinetwegen, dann eben morgen. Aber wenn morgen nun nicht kommt?

Morgen kam und es wurde das beste Weihnachten aller Zeiten. Der Weihnachtsmann hatte einen ganzen Berg Äpfel und Apfelsinen und Bilderbücher und Spielsachen und Süßigkeiten in Jeremy James' leeren Kopfkissenbezug gesteckt und für die Zwillinge hatte er auch noch Spielsachen und schöne Anziehsachen gebracht, und als Jeremy James runter ins Wohnzimmer ging – mit dem glitzernden Baum und den fest angebrachten Papiergirlanden sah es wie ein Märchenland aus –, fand er unter dem Baum ein riesiges Paket. In dem Paket steckte ein funkelnagelneues Dreirad, mit Klingel und Satteltasche. Aber die ungewöhnlichsten Geschenke waren die Geschenke, die Jeremy James seiner Mama und seinem Papa gab. Für Mama hatte er eine schöne Schachtel mit einem hübschen kleinen Rotkehlchen obendrauf. Innendrin waren ganz viele Kieselsteine, die Jeremy James sorgfältig von den Gartenwegen aufgesammelt hatte. Und für Papa hatte er ein schönes Päckchen mit einem lächelnden Weihnachtsmann obendrauf und Silberpapier darunter, und innendrin war ein wunderhübscher Holzklotz (aus Papas Werkzeugschuppen), mit einem Bild von Papa drauf, eigens von Jeremy James gemalt. Und obwohl Mama ein kleines Geräusch machte, das so ähnlich wie „Hmpf" klang, als sie ihre Schachtel und Papas Paket sah, lächelten Papa und Mama sich doch an, gaben Jeremy James einen dicken Dankeschönkuss und erklärten übereinstimmend, dass es sich ohne jeden Zweifel gelohnt hatte, auf diese Geschenke so lange zu warten.

Marliese Arold
Der Engel in der U-Bahn

Ich erinnere mich noch genau an den Tag, als ich in der U-Bahn den Engel traf.

Es war Dezember. Die letzte Schulstunde fiel aus, weil Herr Walter, unser Klassenlehrer, für die Weihnachtsaufführung proben musste.

Normalerweise hätte ich mich über die Freistunde gefreut, aber an diesem Tag war ich stinksauer. Ich hatte nämlich Krach mit David, meinem besten Freund. Schon seit einer Woche lag ich ihm in den Ohren, mir die neueste CD meiner Lieblings-Popgruppe mitzubringen. David versprach es mir. Doch jedes Mal, wenn ich nachfragte, hatte er die CD zu Hause vergessen. Und jetzt behauptete er auch noch, er könne sie nicht mehr finden!

„Sag doch gleich, dass du sie mir nicht ausleihen willst, weil du Angst hast, ich könnte sie kaputtmachen", hatte ich am Morgen ärgerlich geschnaubt.

David blieb dabei, dass er die CD einfach nicht finden könne. Doch ich glaubte ihm kein Wort und redete nicht mehr mit ihm.

In der Pause versuchte David einzulenken.

„Ehrlich, Meik, ich bringe sie dir, sobald sie wieder aufgetaucht ist", beteuerte er.

„Nicht mehr nötig", erwiderte ich kühl. „Ich wünsche mir die CD zu Weihnachten."

Feiner Freund! Der brauchte mir noch mal mit einer Bitte zu kommen, dann würde ich ihn genauso hängen lassen!

Obwohl wir sonst immer gemeinsam mit der U-Bahn nach Hause fuhren – David und ich hatten fast denselben Heimweg –, stieg ich an diesem Tag absichtlich in einen anderen Wagen ein. In den letzten, in dem ich so gut wie nie fuhr. Und dort traf ich den Engel.

Zunächst fiel mir nichts Ungewöhnliches auf. Alles war wie immer, außer dass die U-Bahn nicht ganz so voll war wie sonst zur Mittagszeit. Ich ließ mich auf eine freie Bank fallen, nahm meinen Discman heraus, setzte den Kopfhörer auf und hörte Musik.

Bei der nächsten Haltestelle stiegen drei Männer in den Wagen. Zwei davon erkannte ich sofort wieder: Kontrolleure. Jetzt vor Weihnachten wurden die Fahrgäste in den U-Bahnen besonders oft kontrolliert. Vor drei Tagen war ich schon einmal dran gewesen.

Während ich in meinem Rucksack nach meiner Monatskarte kramte – die wie immer ganz nach unten gerutscht war –, bekam ich mit, wie die beiden Kontrolleure mit dem dritten Mann redeten.

„Ihren Fahrschein, bitte."

„Ich habe keinen", sagte der Mann. „Ich bin ein Engel."

Leute, die dabei ertappt werden, dass sie keinen Fahrschein haben, lassen sich oft alle möglichen Ausreden einfallen. Aber noch nie hatte ich erlebt, dass sich jemand als Engel ausgegeben hatte. Ich setzte den Kopfhörer ab, um das Gespräch besser mitzukriegen.

„Sie behaupten also, dass Sie ein Engel sind", sagte einer der Kontrolleure und blinzelte seinem Kollegen zu. „Könnten wir bitte mal Ihren Ausweis sehen?"

„Natürlich", sagte der Mann und zog aus seiner Anoraktasche ein blitzendes Etwas, das er den Kontrolleuren reichte.

Die beiden beugten sich über den Ausweis. Ich reckte ebenfalls den Hals.

„Daniel, Seraphim zweiten Grades", murmelte einer von ihnen.

Ich konnte es nicht genau sehen, aber ich bildete mir ein, dass sich das Foto auf dem Ausweis bewegte. War es ein Hologramm?

Die Kontrolleure waren ratlos. Der eine kratzte sich am Ohr.

„Alles in Ordnung?", fragte der Mann, ohne eine Spur von Aufregung oder Nervosität.

Wenn er ein Betrüger war, dann musste er ein glänzender Schauspieler sein! Oder er war ein Verrückter, und dann lohnte es sich auch nicht, sich mit ihm anzulegen.

Zu demselben Ergebnis schienen auch die Kontrolleure zu kommen. Sie gaben ihm den Ausweis zurück.

„Das nächste Mal lösen Sie aber einen Fahrschein", sagte der eine.

„Auch Engel dürfen nicht umsonst fahren", fügte der andere hinzu.

„Das wusste ich nicht", sagte der Mann. Ich war beeindruckt, wie ehrlich seine Stimme klang.

Die Kontrolleure kamen jetzt zu mir. Ich hielt ihnen meine Monatskarte hin. Sie warfen kaum einen Blick darauf, nickten und gingen weiter. Der Mann aber setzte sich mir gegenüber auf die freie Bank.

Ich musste ihn dauernd anschauen. Sein Alter war schwer zu schätzen; er konnte ebenso gut zwanzig oder vierzig sein. Er hatte sehr helle Haut und blondes, fast weißes Haar. Seine Augen waren von einem auffallend leuchtenden Blau.

Normalerweise quatsche ich keine fremden Erwachsenen in der U-Bahn an, aber dieses Mal siegte meine Neugier.

„Sind Sie wirklich ein Engel?", fragte ich.

„Ja", antwortete er.

Ich beschloss, das Spiel noch ein bisschen weiter zu treiben. „Und was machen Sie hier auf der Erde?"

„Ich bringe den Menschen Freude", sagte er, ohne zu zögern. „Gerade jetzt vor Weihnachten."

Am liebsten hätte ich laut aufgelacht. Der hatte ja wirklich ein Rad ab! Der gehörte in eine geschlossene Anstalt!

Doch da passierte etwas Seltsames. Er sah mich an. Da war irgendetwas in seinem Blick, in seinen Augen, das mich wie magisch anzog. Und während ich dem Fremden in die Augen sah, merkte ich, wie sich mein Groll auf David einfach auflöste. Stattdessen breitete sich Wärme in meinem Bauch aus, ein wohliges Gefühl der Zufriedenheit, das mich ganz und gar ausfüllte. Es war, als wäre mit einem Mal alles, was mich bedrückt hatte, wie weggewischt. Ich war plötzlich richtig glücklich.

Er legte die Hand auf meinen Arm.

„Mach's gut." Dann stand er auf und stieg aus.

Ich hatte gar nicht gemerkt, dass wir inzwischen die nächste Station erreicht hatten.

Ich musste zwei Haltestellen später aussteigen. Als ich aufstand, sah ich im Gang eine Feder liegen. Sie war leicht zusammengerollt und sah aus wie eine weiche Daunenfeder. Meine Hand schloss sich um die Feder wie um einen Schatz.

Hatte ich eine echte Engelsfeder gefunden?

Beim Aussteigen bemerkte ich David. Er lief ein Stück vor mir auf dem Bahnsteig. Ich spurtete los und holte ihn ein.

„He, Kumpel", sagte ich und schlug ihm auf die Schulter. „Ist nicht so schlimm mit der CD."

Er schaute mich verblüfft an.

Am liebsten hätte ich ihm von der Begegnung in der U-Bahn erzählt, aber ich hatte Angst, dass er mich auslachen würde. Und ich wollte nicht, dass dadurch das wunderbare Gefühl, das ich noch immer ein bisschen spürte, kaputtging.

Auch meinen Eltern und meinen Geschwistern erzählte ich nichts davon, obwohl ich in den nächsten Tagen noch sehr oft an den Engel denken musste. Manchmal nahm ich die Feder aus dem Versteck – ich bewahrte sie in einer Dose auf, neben meinen schönsten Murmeln und einigen ausländischen Münzen –, starrte sie an und versuchte, ihr Geheimnis zu ergründen.

Doch mit der Zeit verblasste das Erlebnis und ich dachte an andere Dinge.

Weihnachten rückte näher und die Vorbereitungen liefen auf Hochtouren. Es kam mir vor, als würden sich Mama und Papa deswegen noch mehr verrückt machen als im letzten Jahr, und da war es schon ziemlich schlimm gewesen.

Zugegeben, auch mir fielen eine Menge Sachen ein, die ich mir zu Weihnachten wünschte, weil ich sie ganz gut brauchen konnte. Vor allem sah ich nicht ein, dass Florian oder Isabel am Ende mehr bekommen sollten als ich. Meine Geschwister dachten natürlich genauso, und so wuchsen unsere Wünsche in den Himmel.

Unsere Eltern gaben sich alle Mühe, unsere Ansprüche zu erfüllen.

An jedem Samstag zogen wir los und stürzten uns in der Innenstadt ins Einkaufsgewühl, um all die Dinge, die wir uns wünschten, zu besorgen.

Aber unsere Wunschzettel waren lang und so kam es, dass wir selbst am Tag vor Heiligabend durch die Geschäfte und Kaufhäuser rannten. Wir hatten auch noch keinen Weihnachtsbaum und keine Geschenke für Oma und Opa, die über die Feiertage zu Besuch kommen wollten. Außerdem waren die Plätzchen schon so gut wie aufgegessen, und Florian war enttäuscht, weil Mama noch immer kein Lebkuchenhäuschen gebacken hatte, wie es eines im Kindergarten gab: mit Spekulatius-Dachziegeln und Zucker-Eiszapfen...

Ich glaube, Mama war ziemlich fertig und Papa erging es ähnlich. Am Abend zuvor hatte ich zufällig gehört, wie Papa zu Mama gesagt hatte:

„Am liebsten würde ich irgendwohin fahren, wo es heiß und sonnig ist. In die Karibik zum Beispiel. Mir ist überhaupt nicht weihnachtlich zu Mute und mir hängt der ganze Rummel zum Hals raus!"

„Mir auch", hatte Mama geantwortet. „Was wäre ich froh, wenn wir nicht das ganze Theater der Kinder wegen veranstalten müssten!"

In dieser Nacht hatte ich wieder an den Engel denken müssen.

In der Stadt war die Hölle los. Anscheinend gab es noch mehr Leute, die ihre letzten Geschenke besorgen mussten; es war ein unglaubliches Geschiebe und Gequetsche. Keiner von uns hatte besonders viel Lust zum Einkaufen. Isabel wollte lieber mit einer Freundin in die Eis-Disco, aber sie musste mit in die Stadt, um sich einen Pulli auszusuchen.

„Sonst treffe ich wieder nicht deinen Geschmack", sagte Mama.

An diesem Tag schneite es leicht. Es war sogar kalt genug, dass der

Schnee liegen blieb, aber unzählige Füße verwandelten ihn bald in grauen Matsch.

Es wimmelte von Weihnachtsmännern, fast an jeder Ecke stand einer, der den Leuten ein Werbegeschenk in die Hand drückte, und aus jeder Ladentür dudelten Weihnachtslieder. Ich hatte die Nase ziemlich schnell voll. Auch Florian quengelte pausenlos, erst musste er Pipi, dann bekam er Durst und schließlich wollte er unbedingt Pommes.

Vor dem Imbiss-Stand hatte sich eine lange Schlange gebildet. Nach einer Ewigkeit drückte Mama Florian die heiß ersehnte Tüte in die Hand, und mein Bruder hielt endlich die Klappe. Ganze zehn Meter lang.

Dann ließ er nämlich die Tüte fallen. Die Pommes lagen kreisförmig auf dem Pflaster, im Matsch verstreut, mit rotem Ketschup-Klecks in der Mitte.

Florian plärrte los. Mama sah aus, als würde sie gleich einen Schreikrampf kriegen.

„Nein, ich stelle mich jetzt nicht noch einmal nach Pommes an. Die Geschäfte schließen in einer halben Stunde und wir haben noch immer nicht …"

Florians Gesicht zeigte Weltuntergangsstimmung. Papa atmete schwer. Ich hatte das Gefühl, dass jetzt gleich etwas passieren würde, ein Wutausbruch, eine Zorn-Explosion …

Doch da sagte eine freundliche Stimme: „Vielleicht möchtest du die hier haben?"

Und eine Hand hielt ihm eine frische Portion Pommes entgegen, eine dampfende Tüte mit Ketschup obendrauf.

Ich erinnerte mich an den blauen Anorak, den ich zuvor am Pommes-Stand wahrgenommen hatte, ohne zu ahnen, wem er gehörte. Jetzt, da er sich umgedreht hatte, erkannte ich ihn wieder. Es war der Mann aus der U-Bahn. Der Engel.

„Für mich?", fragte Florian ungläubig.

Ich starrte den Engel mit offenem Mund an und da war es wieder: das Glücksgefühl und die Leichtigkeit.

Zuerst zögerte Mama. „Ich weiß nicht …" Mit einem Mal lächelte sie. „Das ist sehr nett von Ihnen."

Florian strahlte übers ganze Gesicht, als er die Tüte nehmen durfte. „Danke."

Papa räusperte sich. Wollte etwas sagen und sagte doch nichts. Aber die Zornfalte auf seiner Stirn hatte sich geglättet, seine Miene war entspannt.

Der Engel schaute uns der Reihe nach an, und ich merkte, dass selbst Isabel ihre Muffelmiene abgelegt hatte.

„Na dann … frohe Weihnachten!", sagte der Engel.

„Frohe Weihnachten", antworteten wir im Chor.

Als er sich umdrehte, nahm ich den Zimtgeruch wahr und hörte das Glockenspiel am Marktplatz. Die vielen Leute störten mich auf einmal nicht mehr. Es duftete nach Honig und nach Tannen. Und ich freute mich auf Weihnachten. Freute mich wirklich.

19

Astrid Lindgren
Pippi Langstrumpf feiert Weihnachten

Hast du schon mal von Pippi Langstrumpf gehört, dem stärksten Mädchen der Welt? Dem Mädchen, das ganz allein mit einem Pferd und einem Affen in der Villa Kunterbunt wohnt? Dem Mädchen, das einen ganzen Koffer voller Goldstücke besitzt?

Jetzt erzähl ich dir, was Pippi einmal gemacht hat. Es war an einem Heiligabend. In allen Fenstern der kleinen Stadt leuchteten die Weihnachtslichter, und an den Weihnachtsbäumen brannten die Kerzen. Alle Kinder waren sehr froh.

Nein, nicht alle Kinder waren froh. In einem Haus in der Winkelstraße saßen im ersten Stock drei kleine arme Wesen in der Küche und weinten. Das waren Frau Larssons Kinder. Pelle, Bosse und die kleine Inga. Sie weinten, weil ihre Mama ins Krankenhaus gekommen war. Ausgerechnet an Heiligabend, das stelle man sich einmal vor! Ihr Papa war Seemann und weit draußen auf dem Meer. Und sie hatten auch keinen Tannenbaum! Keine Weihnachtsgeschenke! Nichts Gutes zu essen! Denn ihre Mama hatte es nicht geschafft, etwas einzukaufen, bevor sie krank wurde. Kein Wunder, dass die Kinder weinten! Alles war furchtbar traurig, wie es manchmal sein kann.

142

"Das ist der traurigste Heiligabend, den ich jemals erlebt habe", sagte Pelle.

Genau in dem Augenblick, als er das gesagt hatte, ertönte ein entsetzliches Getrampel im Treppenhaus.

"Was ist denn das?", rief Bosse. "Das klingt aber komisch!"

Es war jedoch kein bisschen komisch. Schließlich ist es nicht komisch, dass es klappert, wenn ein Pferd eine Treppe hinaufsteigen soll!

Es war Pippis Pferd, das da angetrampelt kam. Und auf dem Pferd saß Pippi. Und auf Pippi saß ein Tannenbaum. Er saß in ihren Haaren. Er war voller brennender Kerzen und Fähnchen und Bonbons. Es sah aus, als sei er direkt aus ihrem Kopf gewachsen. Vielleicht war er das auch, wer weiß? Herr Nilsson, Pippis kleiner Affe, war auch dabei. Er flitzte vorneweg und öffnete die Tür.

Pelle, Bosse und die kleine Inga sprangen von der Küchenbank und starrten ihn an.

"Warum guckt ihr so?", sagte Pippi. "Habt ihr noch nie einen Tannenbaum gesehen?"

"Doch, aber noch nie ...", stotterte Pelle.

"Na also", sagte Pippi und sprang vom Pferd. "Die Tanne ist einer der Bäume, die es in Schweden am häufigsten gibt. Und jetzt wollen wir tanzen, dass sich die Balken biegen. Aber zuerst ..."

Sie warf einen Sack auf den Fußboden, und aus dem Sack holte sie viele Pakete und viele Beutel hervor. In den Beuteln waren Apfelsinen und Äpfel, Feigen, Nüsse, Rosinen, Bonbons

und Marzipanschweine. Und in den Paketen waren Weihnachtsgeschenke für Pelle, Bosse und die kleine Inga. Pippi stapelte all die Pakete auf der Küchenbank auf.

„Noch kriegt ihr keine Weihnachtsgeschenke", sagte sie. „Erst wollen wir mit dem Baum tanzen."

„Du meinst wohl, dass wir um den Baum herumtanzen wollen", sagte Pelle.

„Genau das meine ich nicht", sagte Pippi. „Könnt ihr mir erklären, warum Tannenbäume niemals auch ein bisschen Spaß haben dürfen? Nie dürfen sie mittanzen. Sie müssen bloß stocksteif dastehen und glotzen, während die Leute um sie herumhüpfen und Spaß haben. Die armen, armen kleinen Tannenbäume!"

Pippi verdrehte die Augen, um den Tannenbaum auf ihrem Kopf sehen zu können.

„Dieser Tannenbaum soll jedenfalls mitmachen und sich amüsieren dürfen, das hab ich mir in den Kopf gesetzt", sagte sie.

Wenn eine Weile später jemand in Frau Larssons Fenster geschaut hätte, dann hätte er einen merkwürdigen Anblick gehabt.

Er hätte gesehen, wie Pelle, Bosse und die kleine Inga hüpfend um den Tannenbaum tanzten. Er hätte auch Pippi tanzen gesehen, Pippi mit dem Tannenbaum im Haar. Pippi stampfte mit ihren großen Schuhen, Pippi sang mit kräftiger und fröhlicher Stimme: „Hier tanz ich mit meinem kleinen Tannenbaum, ich tanze, so lange ich kann!"

„Noch niemals hat ein Tannenbaum solchen Spaß gehabt wie dieser", sagte Pippi zufrieden, als sie, Pelle, Bosse und die kleine Inga eine Weile später um den Weihnachtstisch herumsaßen.

„Nein, das glaub ich auch nicht", sagte Bosse und steckte sich eine Feige in den Mund.

„Und noch nie haben wir Heiligabend solchen Spaß gehabt", sagte die kleine Inga und verschluckte ein ganzes Marzipanschwein in einem Rutsch.

Ja, und dann war es Zeit für die Weihnachtsgeschenke! Was für eine Freude, als Pelle seine Pakete öffnete und ein Flugzeug und eine Eisenbahn fand, und Bosse bekam eine Dampfmaschine und ein Auto, das auf dem Fußboden herumfahren konnte, wenn man es aufzog, und Inga eine Puppe und ein kleines Herz aus Gold!

Das Licht der Tannenbaumkerzen schimmerte so sanft auf den fröhlichen Gesichtern der Kinder und allen Weihnachtsgeschenken. Bestimmt war auch der Tannenbaum froh. Er war ja der erste Tannenbaum, der mittanzen durfte!

# 20

Doris Meissner-Johannknecht
Die Spur im Flur

Heute ist der letzte Schultag. Und nur noch ein Mal schlafen, dann ist Weihnachten. Ich habe mir ein Fahrrad gewünscht. Ein richtiges, großes Fahrrad mit Gangschaltung. Mein altes Kinderrad ist wirklich viel zu klein für mich. Aber ich weiß nicht, ob ich es bekomme. Der Weihnachtsmann ist schließlich unberechenbar. Jeden Tag durchstöbere ich den Keller. Aber ich habe immer noch keins entdeckt.

Opa Pitzek schließt mir die Haustür auf. Wie jeden Tag, wenn ich aus der Schule komme. „Alles klar, Daniel?", fragt er. Wie jeden Tag.

Auch Oma Pitzek steht im Flur. Wie jeden Tag. „Alles klar, Daniel?", fragt auch sie. Wie jeden Tag. Und erst dann, wenn sie sehen, dass alles klar ist, gehen sie in ihre Wohnung zurück.

Früher, als ich klein war, habe ich immer bei ihnen zu Mittag gegessen. Meine Mutter kommt nämlich erst um vier aus dem Büro. Aber jetzt sind sie alt, die alten Pitzeks. Und ich bin groß genug. Ich mach mir jetzt immer mein Essen warm, das meine Mutter am Abend vorher gekocht hat.

Jetzt kaufe ich manchmal für sie ein. Für die alten Pitzeks. Das mache ich gerne. Einfach so. Und nicht, weil sie mir dann jedes Mal eine Tafel Schokolade schenken.

Heute sagt Oma Pitzek: „Vergiss die Eier nicht!"
Auf der Treppe steht eine ganze Palette. Dreißig Stück. Dreißig!
Normalerweise bringt die Eierfrau uns nur zehn. Aber heute wollen wir backen, meine Mutter und ich. Zimtsterne und Vanillekipferln.
Sie ist ganz schön wackelig. Und schwer, diese Platte mit den Eiern. Ob ich das schaffe?
Vorsichtig balanciere ich die Eier die Treppe hoch. Im ersten Stock riecht es verführerisch. Fast so wie Weihnachtsgans. Ich mache mir heute Bratkartoffeln mit Spiegeleiern. Eier habe ich ja wirklich genug.
Gleich fallen mir die Arme ab. Kann das sein? Sind Eier so schwer? Sind das vielleicht gar keine richtigen Eier? Vielleicht steckt bereits in jedem Ei ein ausgewachsenes Huhn? Dabei sehen sie ziemlich normal aus. So wie weiße Eier eben aussehen. Gleich hab ich's geschafft. Nur noch fünf Stufen.
Da hör ich es klingeln. Das ist unser Telefon. Das könnte Alf sein. Mein Freund Alf, der mit mir Schlittschuh laufen will.
Es klingelt schon das dritte Mal. Hoffentlich legt er nicht auf. Ich beeil mich ja schon. Schneller geht es wirklich nicht.
Aber es war zu schnell. Viel zu schnell für dreißig Eier. Es sind echte Eier. Das ist jetzt klar. Das seh ich jetzt.
Die gelbe, weiße glitschige Eierpampe glibbert die Treppe herunter. Es ist passiert, was nicht passieren sollte. Ich steh da wie blöd und verfolge die weißgelbe Bahn. Irgendwann, nach einer Ewigkeit, erhol ich mich von meinem Schreck.
Das Telefon ist verstummt. Aus unserer Wohnung hole ich Eimer und Lappen.

Es dauert Stunden, bis das glitschige Zeug von der Treppe verschwunden ist.

Zwei Eier sind übrig geblieben. Die zwei Eier für mein Mittagessen.

Um drei geh ich in den Supermarkt. Und kaufe neue Eier. Die sind wenigstens gut verpackt. Und meine Mutter hat nichts gemerkt.

Nur noch ein Tag, dann ist Weihnachten. Die Weihnachtsgans liegt schon im Kühlschrank, der Weihnachtsbaum nadelt im Wohnzimmer und die Plätzchen riechen nach Weihnachten.

Und morgen... morgen bekomme ich mein Fahrrad! Oder etwa nicht?

Ich will es wissen. Jetzt. Sofort. Ob es im Keller versteckt ist. Ich muss nachsehen.

Sofort.

Ich springe die Treppen hinunter. Drei Stufen auf einmal. Jetzt bin ich unten vor Pitzeks Wohnungstür. Irgendwas stimmt da nicht. Alles ist so seltsam still.

Da trifft mich fast der Schlag. Da setzt mein Herz aus und meine Hände werden feucht.

Ich schau schnell weg. Und mache die Augen zu. Aber ich hab es trotzdem gesehen.

Die grauen Fliesen sind rot. Rot wie Blut. Rot von Blut.

Ich will nur noch weglaufen.

Aber ich kann nicht. Meine sonst so schnellen Beine wollen nicht. Sie weigern sich. Bleiben einfach stehen. Bewegen sich nicht von der Stelle.

Daniel, du spinnst, sage ich zu mir (ich rede sonst nie mit mir selbst). Mach die Augen auf. Und guck genauer hin. Das kann auch Farbe sein, oder Ketschup. Genau!

Ich mache die Augen auf und gucke genauer hin. Aber es ist, wie es ist. Es ist keine Farbe, es ist kein Ketschup. Es ist Blut. Hellrotes Blut, das von der Wohnungstür der alten Pitzeks bis zur Kellertür führt.

Mein neues Fahrrad interessiert mich plötzlich überhaupt nicht mehr. Ich renne die Stufen wieder hoch, so schnell ich kann. Schlage unsere Wohnungstür hinter mir zu, schließe zweimal ab und lege die Kette vor.

Aber mein Herz lässt sich nicht beruhigen. So sehr fürchte ich mich.

Ich muss was unternehmen. Aber was soll ich tun? Wenn den alten Pitzeks was passiert ist, dann muss ich doch was tun!

Jeden Tag werden Menschen umgebracht. Das steht jeden Tag in der Zeitung. Das sieht man auch jeden Tag im Fernsehen.

Ich könnte meine Mutter anrufen. Aber die störe ich nicht so gerne bei der Arbeit. Die Polizei?

Aber die denkt sicher, dass ich spinne. Tu ich ja vielleicht auch.

Ich könnte anrufen. Unten bei den Pitzeks. Dann weiß ich, was los ist. Wenn sie nicht drangehen, kann ich immer noch die Polizei anrufen.

Die Nummer weiß ich auswendig. Als ich wähle, zittern mir die Finger und mir ist ganz schlecht vor Angst.

Stille. Totenstille.

Sechsmal lass ich das verdammte Telefon klingeln. Dann leg ich auf. Und heule los.

Da klingelt es. Jemand klingelt unten an der Haustür. Was soll ich tun? Wer kann das jetzt sein? Vorsichtig schau ich aus dem Fenster.

Kein verdächtiges Auto. Kein Mann mit hochgeschlagenem Mantelkragen. Nichts. Überhaupt nichts Verdächtiges.

Da trau ich mich endlich an die Gegensprechanlage.

„Ja bitte?", höre ich mich sagen. Und halte die Luft an.

„Wir sind es bloß, Daniel! Die Pitzeks! Stell dir vor, wir haben den Schlüssel vergessen. Bringst du uns den Ersatzschlüssel runter?"

Da fällt mir ein ganzer Steinbruch vom Herzen.

Ich entriegele die Tür, fliege die Treppe hinunter. Nehme vier Stufen auf einmal.

Da stehen sie vor mir, die beiden alten Pitzeks.

Sie sind völlig in Ordnung. Sie lachen mich an und drücken mir eine Tafel Schokolade in die Hand.

Ich zeige auf die Blutspur. Ein bisschen unheimlich ist mir immer noch zu Mute.

„Wisch ich gleich weg!", sagt Opa Pitzek und zieht mich in die Wohnung, immer der geheimnisvollen Blutspur nach.

Ja, und da seh ich es. Und da weiß ich Bescheid. Und da fallen mir die restlichen Felsbrocken vom Herzen.

Auf dem Küchentisch liegt der Weihnachtskarpfen. Ein wunderschöner, extra großer, extra dicker, extra toter Weihnachtskarpfen.

„Heute früh hat er noch gelebt!", sagt Opa Pitzek. „Aber es ging nun mal nicht anders. Weihnachtskarpfen ist Weihnachtskarpfen!"

Oma Pitzek geht mit Lappen und Eimer vor die Tür. Und wischt die verräterischen Blutspuren von der Treppe, bis runter in den Keller. Wo Opa Pitzek aus dem wunderschönen, extra dicken Karpfen einen Weihnachtskarpfen gemacht hat.

Und ganz hinten in der Waschküche seh ich was… was ich noch nicht sehen darf.

Ich mache schnell die neugierigen Augen zu. Es reicht, wenn ich es morgen Abend sehe. Unter dem Weihnachtsbaum.

Kirsten Boie
Der Tannenbaum

Jedes Jahr am vierten Advent geht die ganze Familie zum Tannenbaumschlagen.

„Da bleibt er schön frisch", sagt Papa. „Da nadelt er nicht bis Silvester."

Das mit den Nadeln ist Jesper ganz egal, die kann man ja mit dem Staubsauger saugen. Aber trotzdem will er auch keinen Tannenbaum am Marktstand kaufen.

Selber schlagen ist besser.

„Kaufen kann ja jeder", sagt Jesper zufrieden. „Ich trag wieder die Säge", und dann zieht er Papas dicke Gartenhandschuhe an, die Papa extra nur fürs Tannenbaumschlagen braucht, weil sie doch gar keinen Garten haben, und Janna nimmt die Axt, und ganz ausnahmsweise darf Jule die Säge aus Jespers Laubsägekasten. Damit sie nicht traurig ist.

Eigentlich ist der Tannenbaumwald gar kein richtiger Wald, sondern eine Baumschule. Wenn man zu den Bäumen will, muss man sich erst durch ein Tor drängeln und dann durch ein Gewächshaus, wo ganz viele Leute mit rot gefrorenen Nasen stehen und Glühwein trinken. Die haben sich auch alle schon einen Baum geschlagen.

Aus einem riesigen silbernen Topf riecht es nach Erbsensuppe und Würstchen, und der beste Stand ist gleich neben der Tür. Da backen sie Waffeln mit Puderzucker.

„Na, dann wollen wir mal wieder", sagt Papa und reibt sich die Hände. Beim Tannenbaumschlagen müssen alle gute Laune haben. „Dann kommt mal mit raus. Wir sind schließlich nicht zum Essen und Trinken gekommen."

Und diesmal nörgelt Jesper auch kein bisschen. Nicht wie im Museum. Er weiß ja sowieso, dass es am Schluss noch einen heißen Apfelsaftpunsch gibt. Und vielleicht auch noch Waffeln mit Zucker.

Außerdem will Jesper jetzt erst mal den Tannenbaum schlagen. Sonst sind sie nachher schon ganz ausgesucht und gar keine schönen mehr da.

„Wieder einen gelben, Papa?", fragt Jesper. „Wieder einen gelben, Papa, wie letztes Jahr?"

Die Bäume haben nämlich oben um ihre Spitze alle einen bunten Klebestreifen, daran kann man sehen, wie teuer sie sind. Es gibt blaue Klebestreifen für die ganz teuren und gelbe Klebestreifen für die normalteuren, und dann gibt es noch rote, die sind fürchterlich billig. Aber die roten nehmen sie trotzdem nicht, weil das die schief gewachsenen Bäume sind, und so was will ja kein Mensch.

„Wir werden doch wohl nicht am Tannenbaum sparen!", sagt Mama jedes Mal. „Das eine Mal im Jahr! Am schönsten Tag des Jahres wollen wir auch den schönsten Baum", und darum nehmen sie auch einen gelben. Aber in diesem Jahr ist es gar nicht so einfach, einen schönen Baum zu finden. Mama will keinen so großen, weil dann der Tannenbaumschmuck nicht reicht, und immer wenn Jesper und Janna einen gefunden haben, sagt Papa, der hat zur Spitze hin zu wenig Zweige, und das wirkt dann immer so kahl. Da hat Jesper bald keine Lust mehr zu suchen. Er hilft lieber nachher mit beim Sägen.

„Komm, Janna, wir gehen nach hinten", sagt Jesper und packt die Säge fester. „Wir machen jetzt Tannenbaumhüpfen."

Da nimmt Janna ganz vorsichtig ihre Axt und dann laufen sie zwischen den Bäumen durch zum hinteren Zaun, wo die meisten Bäume schon abgeschlagen sind. Neben den Stümpfen am Boden wachsen viele winzige neue Bäume nach, die sind noch nicht mal so groß wie Jule. Die will noch kein Mensch als Tannenbaum haben, aber drüberhüpfen kann man ganz prima. Nur drauftreten darf man auf gar keinen Fall. Dann werden die später auch krumm und kriegen einen roten Streifen, und daran will Jesper nicht schuld sein.

„Los, Janna, jetzt hüpfen wir rüber", sagt Jesper und will einen ganz langen Anlauf nehmen. Aber Janna kommt nicht zu ihm hin. Janna steht neben einem großen Baum, der ist der allerschiefste, den Jesper je gesehen hat. Er wächst ganz allein mitten zwischen all den kleinen, und in der Mitte macht sein Stamm eine Zickzackkurve wie eine Schlange. Oben hat er einen roten Streifen.

„... vier, fünf!", sagt Janna. „Guck mal, Jesper, der hat schon fünf rote Streifen! Warum hat der denn fünf?"

Jesper hüpft ganz kurz über eine winzige Tanne, dann stellt er sich dazu.

„Weil der ...", sagt Jesper und guckt sich die Tannenbaumspitze an. Aber es gibt gar keine richtige Spitze. Es gibt nämlich drei, und eine davon hängt ganz wunderbar nach unten.

„Den hat nie einer gewollt", sagt Jesper. „Der war den Leuten zu krumm, und da haben sie ihn nicht gekauft, siehst du, Janna. Und im nächsten Jahr hat er dann wieder einen neuen Klebestreifen gekriegt, aber da hat ihn wieder keiner gewollt."

„Und so immer weiter?", sagt Janna traurig und starrt den Baum an. „Fünf Jahre, nicht, Jesper? Fünfmal Weihnachten?"

„Ja, siehst du wohl", sagt Jesper und legt seine Hand ganz vorsichtig auf einen unteren Zweig. Der Zweig fühlt sich piksig an, aber auch nicht zu piksig. Wenn man in der richtigen Richtung darüber streicht, ist er plötzlich ganz glatt. „Und nächstes Jahr ist der bestimmt zu groß zum Schlagen. Da passt der in kein Zimmer mehr rein."

„Nein, das tut der bestimmt nicht", sagt Mama und legt Jesper von hinten ihre Hand auf die Schulter.

„Kommt mal mit, ihr beiden, und helft uns sägen. Wir haben den richtigen Baum gefunden."

Aber Jesper bleibt immer noch stehen. Armer Baum, denkt Jesper. Armer alter Tannenbaum. Dich will gar keiner haben, und dabei hast du sogar drei schöne Spitzen. Das ist doch wieder mal typisch ungerecht.

„Der steht dann hier vielleicht immer und beschützt die Kleinen", sagt Janna, und jetzt streichelt sie den Baum auch. „Nicht, Mama? Bis die groß geworden sind. Das ist für ihn ja vielleicht auch ganz schön."

Mama packt Jespers Schulter ungeduldig ein bisschen fester.

„Das tut der hier ganz bestimmt nicht", sagt sie. „Weil der den Kleinen nämlich bald zu viel Licht wegnimmt. Da wird der geschlagen.

Und jetzt kommt doch mal, Papa wartet und mir ist kalt!"

„Aber wenn der doch gar kein Tannenbaum wird?", fragt Jesper. „Warum schlagen sie den denn? Was machen sie denn dann mit ihm?"

„Feuerholz", sagt Mama ungeduldig und trampelt von einem Fuß auf den anderen vor Kälte. „Und nun kommt schon, wir brauchen die Säge."

Jesper guckt Janna an, aber Janna steht auch nur ganz still neben dem Baum und rührt sich nicht vom Fleck. Sie hat ganz schmale Augen gekriegt und ihr Kinn schiebt sie vor. Das ist ihr energisches Gesicht, das kennt Jesper. Das macht Janna nur, wenn sie böse ist.

„Feuerholz!", sagt Janna wütend. „Wo der ein Tannenbaum sein will!"

„Ach, Janna, nun sei doch nicht so albern!", sagt Mama. „Das ist doch ein Baum! Der will gar nichts sein. Dem ist das völlig egal, warum er geschlagen wird, ab ist ab", und jetzt schlägt sie auch noch die Hände gegeneinander, weil sie so friert.

„Gar nicht egal!", schreit Janna und starrt Mama wütend an.

Und da weiß Jesper, was er jetzt tun muss.

„Wir wollen diesen", sagt er entschieden. Die Säge hält er ganz fest dabei. „Wir wollen diesen Tannenbaum haben, jawohl. Weil wir den nämlich am schönsten finden. Weil der drei Spitzen hat", und er guckt Janna an und Janna nickt.

„Diesen da!", sagt Janna. „Den schönen großen! Weil der drei Spitzen hat!"

„Aber Janna!", sagt Mama ärgerlich. „Der ist doch ganz krumm! Das seht ihr doch selber! So einen Baum stellt sich doch kein Mensch ins Zimmer!"

„Jawohl!", schreit Janna, und da kommt Papa zwischen den kleinen Bäumen durchgeschlängelt mit Jule auf dem Arm und guckt ein bisschen verwirrt.

„Was ist denn jetzt, ihr Lieben?", sagt er. „Ich brauch jetzt die Säge! Wir haben einen Baum gefunden!"

„Nee, pööh, die kriegst du nicht!", sagt Jesper und hält die Säge hinter seinen Rücken. „Nee, pöööh, die kriegst du gar nicht!"

„Und die Axt kriegst du auch nicht!", sagt Janna und stellt sich ganz dicht neben Jesper. „Dass du das weißt!"

Papa starrt die beiden an. „Ja, was ist denn hier los, ihr Lieben?", fragt er verblüfft.

„Die beiden wollen den krummen Baum da", sagt Mama und guckt Papa Hilfe suchend an. „Ich hab ihnen schon gesagt …"

„Weil wir den am schönsten finden!", ruft Janna. „Mit den drei Spitzen!"

„Genau!", schreit Jesper. Aber er muss schon gar nicht mehr wirklich schreien, weil er genau sehen kann, wie Papa sich den Baum jetzt anguckt. Eigentlich ganz freundlich.

„Und warum wollt ihr ausgerechnet den?", fragt er dann. „Mit dieser Zickzackkurve im Stamm?"

„Weil der sonst …", sagt Janna, aber Jesper tritt ihr auf den Fuß.

„Weil wir den am schönsten finden!", sagt er noch mal.

„Sag ich doch!"

„Na, also!", sagt Papa und stellt Jule auf den Boden. „Also dann hätten wir natürlich einen Baum, wie ihn sonst sicher keiner hat. Das ist ja vielleicht auch mal ganz schön."

„Ja, nicht, Papa?", sagt Jesper, und Jule zieht schon wieder an den Zweigen.

„Bammbaum!", ruft sie und reißt so fest, dass Jesper Angst kriegt, der Baum kippt noch um. „Bammbaum, ja!"

„Siehst du, Jule findet ihn auch am schönsten, nicht, Julemaus?", sagt Jesper schnell, und Jule zieht weiter.

„Bammbaum!", schreit sie wieder vergnügt. „Bammbaum, ja!"

Da seufzt Papa laut. „Also dann, in Gottes Namen", sagt er und streckt die Hand nach der Säge aus.

„Obwohl ich nicht so richtig verstehe …"

„Ich versteh das schon ganz gut", sagt Mama. Dann fängt sie an zu lachen. „Na gut, meinetwegen. Da müssen wir aber noch reichlich Tannenbaumschmuck beschaffen! Und zwei neue Engel dazu für die Spitzen!"

Jesper gibt Papa die Säge, und dann sägen sie immer abwechselnd, Papa, Jesper und Janna, und zum Schluss nehmen sie auch noch die Axt. Und weil der Baum doch so groß ist, müssen sie ihn auch zu dritt zum Gewächshaus tragen, und die ganze Zeit schreit Jule auf Mamas Arm: „Auch! Jule auch Bammbaum!"

Im Gewächshaus gehen sie zuerst zu der Maschine, die die Bäume in ein feines weißes Netz einwickelt. So kann man sie besser transportieren.

„Also der soll es sein", sagt der Mann an der Maschine und schiebt den Baum durch ein großes Loch. „Sind Sie ganz sicher?"

„Ganz sicher", sagt Papa fest, und der Mann wickelt ihnen den Baum ein, und dann gehen sie zu der Maschine, die mit lautem Geknatter die Tannenbaumstämme anspitzt wie ein riesiger Bleistiftanspitzer. Die Späne fliegen durch die Gegend und hinterher kann man den Baum gut in den Tannenbaumfuß kriegen.

„Den da, ja, den wollen Sie haben?", sagt der Mann, der den Spitzer bedient. „Da sind Sie ganz sicher?"

„Ganz sicher", sagt Papa wieder, und dann bezahlt er den Baum.

„So, ihr Lieben!", sagt er vergnügt. „Da haben wir aber ordentlich Geld gespart! Und das hauen wir jetzt gleich auf den Kopf. Wer will einen Punsch? Wer will eine Waffel?"

Und dann sitzen sie alle zusammen auf den Strohballen, die überall zum Draufsitzen aufgestapelt sind, und essen, bis sie fast platzen. Aus einem Lautsprecher kommt Weihnachtsmusik und Jule saut sich mit dem Puderzucker von ihrer Waffel von oben bis unten ein, aber Jesper nur ein bisschen.

„Ach, ihr Lieben!", sagt Papa. „Das war doch mal wieder richtig schön."

Janna gibt Jesper einen kleinen Stups in die Seite.

„Vielleicht ist es überhaupt ein Wunschbaum wie bei Aschenputtel", flüstert sie und Jesper denkt, dass das natürlich Quatsch ist, aber wissen kann man nie.

„Drei Spitzen", sagt er zufrieden. „Für jedes Kind eine."

„So hatte ich das noch gar nicht gesehen", sagt Mama und trinkt einen Schluck Punsch. „Na, ganz gut, dass wir nicht fünf Kinder haben."

22

ASTRID LINDGREN
Pelle zieht aus

Pelle ist böse, ja, er ist derartig böse, dass er beschlossen hat, von zu Hause wegzuziehen. Man kann einfach nicht weiter bei einer Familie wohnen, wo man so behandelt wird.

Das war heute Morgen, als Papa ins Büro gehen wollte und seinen Füller nicht finden konnte.

„Pelle, hast du schon wieder meinen Füller genommen?", fragte Papa und packte Pelle hart am Arm. Pelle hatte Papas Füller schon oft ausgeliehen. Aber nicht heute. Heute steckte der Füller in Papas brauner Jacke, die im Schrank hing. Pelle war vollkommen unschuldig. Und Papa, der ihn so hart am Arm gepackt hatte?

Und Mama? Sie hielt natürlich zu Papa. Das muss jetzt ein Ende haben! Pelle will ausziehen.

Aber wohin? Er kann zur See gehen. Das kann er. Aufs Meer, wo die großen Schiffe und die großen Wellen sind. Dort kann man sterben. Dann soll es denen zu Hause Leid tun. Er kann auch nach Afrika fahren, wo wilde Löwen herumlaufen.

Wenn Papa dann aus dem Büro nach Hause kommt und wie immer fragt: „Wo ist mein kleiner Pelle?", dann weint Mama und sagt: „Pelle ist von einem Löwen aufgefressen worden."

Ja, ja, so geht es, wenn man ungerecht ist!

Aber Afrika ist so weit weg. Pelle würde gern etwas mehr in der Nähe bleiben, damit er sehen kann, wie Papa und Mama nach ihm weinen. Pelle beschließt deshalb, nach „Herzhausen" zu ziehen. Herzhausen – so nennen sie das kleine rote Häuschen unten im Hof mit dem Herz in der Tür. Dorthin wird er ziehen. Er fängt sofort an zu packen, seinen Ball, seine Mundharmonika und „Hänschen im Blaubeerwald". Und dann noch eine Kerze, denn in zwei Tagen ist doch Weihnachten und Pelle will in Herzhausen Weihnachten feiern. Da will er dann sein kleines Licht anzünden und „Ihr Kinderlein, kommet" auf der Mundharmonika spielen. Das wird sehr traurig klingen und es wird bis hinauf zu Mama und Papa zu hören sein.

Pelle zieht sich seinen feinen, hellblauen Mantel und die Handschuhe an und setzt die Pelzmütze auf. Und dann nimmt er die große Papiertüte mit dem Ball und der Mundharmonika und der Kerze in die eine Hand und „Hänschen im Blaubeerwald" in die andere. Und dann geht er noch einmal durch die Küche, damit Mama sehen kann, dass er jetzt auszieht.

„Aber Pelle, willst du schon rausgehen?", fragt Mama.

Pelle antwortet nicht. Rausgehen, ha! Sie sollte nur wissen!

Mama sieht, dass Pelle eine tiefe Falte auf der Stirn hat und dass seine Augen so dunkel sind.

„Pelle, Liebling, was hast du, wo willst du hin?"

„Ich ziehe um!"

„Wohin denn?", fragt Mama.

„Nach Herzhausen", sagt Pelle.

„Pelle, das kann doch nicht dein Ernst sein! Wie lange willst du dort wohnen?"

„Immer", sagt Pelle und legt die Hand auf den Türgriff. „Dann kann Papa ja jemand anders die Schuld geben, wenn sein alter Füller wegkommt."

„Lieber, guter Pelle", sagt Mama und schlingt die Arme um ihn. „Willst du nicht doch bei uns bleiben? Wir sind vielleicht manchmal ungerecht, aber wir haben dich doch so lieb, so lieb."

Pelle zögert. Aber nur einen Augenblick. Dann schiebt er Mamas Arm beiseite, wirft ihr einen letzten vorwurfsvollen Blick zu und wandert die Treppe hinunter.

Mama guckt aus dem Esszimmerfenster und sieht, wie eine kleine, hellblaue Gestalt hinter der Tür mit dem Herz verschwindet.

Eine halbe Stunde vergeht. Da hört Mama einige schwache Mund-

harmonikatöne, die von Herzhausen herüberklingen. Es ist Pelle, er spielt „Nun ade, du mein lieb Heimatland".

Herzhausen ist ein richtig gemütlicher Ort, findet Pelle. Für den Anfang jedenfalls. „Hänschen im Blaubeerwald" und den Ball und die Mundharmonika hat er so hingelegt, dass es so gemütlich wie möglich aussieht. Und die kleine Kerze hat er ins Fenster gestellt. Oh, wie traurig wird es dort am Weihnachtsabend leuchten, falls Papa und Mama zu ihm heruntersehen. Aus dem Esszimmerfenster. Am Esszimmerfenster steht immer der Weihnachtsbaum. Der Weihnachtsbaum, ach ja. Und – und die Weihnachtsgeschenke. Pelle schluckt.

Nein, er wird keine Weihnachtsgeschenke annehmen von Leuten, die behaupten, dass er Füller stiehlt.

Er spielt noch einmal „Nun ade, du mein lieb Heimatland". Aber die Zeit in Herzhausen wird lang, sehr lang. Was Mama wohl gerade macht? Papa muss wohl inzwischen auch schon nach Hause gekommen sein.

Pelle würde so gern in die Wohnung hinaufgehen und sehen, ob sie sehr weinen. Aber es ist schwer, einen Grund dafür zu finden. Dann hat er einen Einfall und er öffnet rasch den Riegel an der Tür und geht, nein, läuft beinahe über den Hof und die Treppen hinauf.

Mama ist immer noch in der Küche.

„Mama", sagt Pelle, „wenn für mich Weihnachtskarten kommen sollten, sagst du dann wohl dem Briefträger, dass ich ausgezogen bin?"

Mama verspricht es zu tun. Pelle geht zögernd wieder zur Tür.

Seine Füße fühlen sich so schwer an.

„Pelle", sagt Mama mit ihrer weichen Stimme. „Pelle – aber was sollen wir mit deinen Weihnachtsgeschenken machen? Sollen wir die nach Herzhausen hinunterschicken oder kommst du herauf und holst sie?"

„Ich will keine Weihnachtsgeschenke haben", sagt Pelle mit zitternder Stimme.

„Oh, Pelle", sagt Mama. „Das wird aber ein trauriger Heiligabend. Kein Pelle, der die Kerzen am Tannenbaum anzündet, kein Pelle, der dem Weihnachtsmann die Tür aufmacht… Alles, alles ohne Pelle…"

„Ihr könnt euch ja einen anderen Jungen anschaffen", sagt Pelle mit zitternder Stimme.

„Nie im Leben!", sagt Mama. „Pelle oder keinen! Wir haben doch nur unseren Pelle so furchtbar lieb."

„Ach so", sagt Pelle mit noch mehr Zittern in der Stimme.

„Papa und ich, wir werden hier herumsitzen und den ganzen Heiligabend weinen. Wir werden nicht einmal die Lichter anzünden. Oh, wie werden wir weinen!"

Da lehnt Pelle den Kopf an die Küchentür und weint auch, er weint so herzzerreißend, so laut, so durchdringend – so schrecklich! Denn er hat solches Mitleid mit Papa und Mama. Und als Mama ihre Arme um ihn legt, bohrt er sein Gesicht an ihren Hals und weint noch mehr, so sehr, dass Mama ganz nass wird.

„Ich verzeihe euch", sagt Pelle zwischen den Schluchzern.

„Danke, lieber Pelle", sagt Mama.

Viele, viele Stunden später kommt Papa aus dem Büro nach Hause und ruft wie immer schon in der Diele: „Wo ist mein kleiner Pelle?"

„Hier!", schreit Pelle und wirft sich ihm in die Arme.

Christine Nöstlinger
Die gerechte Verteilung

Der Franz ist acht Jahre und acht Monate alt. Er wohnt mit seiner Mama, seinem Papa und seinem großen Bruder, dem Josef, in der Hasengasse. Seine Freundin, die Gabi, wohnt gleich nebenan in der Wohnung. Sie ist so alt wie der Franz. Hin und wieder passiert es dem Franz, dass ihn jemand für ein Mädchen hält. Weil er blonde Ringellocken hat und einen Herzkirschenmund. Und veilchenblaue Sternenaugen.

Früher hat das den Franz sehr zornig gemacht. Doch dann hat die Gabi einmal zu ihm gesagt: „Dass man dich für ein Mädchen hält, das passiert dir nur, weil du für einen Buben einfach zu schön bist."

Und da hat sich der Franz gedacht: Also, wenn das so ist, dann kann ich ja froh sein.

Dabei ist der Franz überhaupt nicht eitel. Es ist für ihn nur sehr wichtig, dass ihn die Gabi schön findet. Sie hat nämlich auch einmal zum Franz gesagt: „Wirklich lieben kann ich nur wirklich schöne Menschen." Und der Franz möchte von der Gabi wirklich geliebt werden! Aber er ist sich nie ganz sicher, ob ihn die Gabi wirklich liebt.

Zu Weihnachten fährt die Gabi nämlich immer mit ihren Eltern zu ihrer Tante Anneliese. Und bei der gibt es einen Peter. Der ist ein Patenkind von der Tante Anneliese. Von diesem Peter erzählt die

Gabi dem Franz die tollsten Sachen. Angeblich kann der Peter über eine zwei Meter hohe Mauer springen. Und beim Raufen gegen drei große Jungen gewinnen. Und bis in den Wipfel einer riesigen Tanne klettern. Wunderbar singen kann er auch. Und aus Holz schnitzt er glatt eine Mickymaus. Beim Skirennen gewinnt er immer den ersten Preis. Und außerdem ist er schrecklich klug und gebildet. Er weiß einfach alles!

„Wenn der Peter groß ist", sagt die Gabi oft zum Franz, „dann bekommt er unter Garantie den Nobelpreis."

Aber wenigstens hat die Gabi dem Franz noch nie vorgeschwärmt, dass dieser Peter „wirklich schön" ist. Das beruhigt den Franz ein bisschen.

Wenn der Franz wollte, könnte er ja mitkommen zur Tante von der Gabi. Doch Weihnachten ohne Mama und Papa, Oma und Josef kann sich der Franz nicht gut vorstellen. Und Weihnachten mit diesem Peter kann er sich noch weniger gut vorstellen.

Der Franz nimmt es der Gabi sehr übel, dass sie zu Weihnachten nicht daheim bleibt.

Jedes Jahr will er sie dazu überreden, nicht wegzufahren.

Er sagt: „So lass doch deine Eltern allein fahren. Du kannst ja bei uns schlafen und essen. Und ich spiele auch jeden Tag mit dir Friseur und Kochen."

Friseur-Spielen und Kochen-Spielen

sind die Lieblingsspiele der Gabi. Und für den Franz ist es eine große Überwindung, der Gabi dieses Angebot zu machen. Er spielt weder gern Friseur noch Kochen.

Aber die Gabi ist stur und will trotzdem lieber zur Tante Anneliese und zum Peter. Weihnachten auf dem Land gefällt ihr viel besser als Weihnachten in der Stadt.

Gleich am letzten Schultag vor Weihnachten fahren die Gabi und ihre Eltern los. Und darum beschenken der Franz und die Gabi einander auch schon einen Tag vor dem Heiligen Abend. Sie machen das sehr feierlich. Die Gabi hat einen winzigen Puppenchristbaum aus Plastik. An dem sind noch winzigere elektrische Kerzen.

Die Gabi legt ein weißes Tischtuch über ihren Schreibtisch, darauf stellt sie den Puppenchristbaum und knipst ihn an. Dann singt sie mit dem Franz: „Kommet, ihr Hirten, ihr Männer und Fraun…" Und dann tauschen der Franz und die Gabi ihre Päckchen aus.

Der Franz tut immer so, als ob er sich über die Geschenke von der Gabi sehr freuen würde. Doch da muss er ziemlich mogeln. Die Gabi schenkt dem Franz nämlich immer sehr sonderbare Sachen. Vor vier Jahren hat sie ihm einen Ansteckknopf mit der Aufschrift „Kaufe nur Pfandflaschen" geschenkt. Einen mit einer verbogenen Nadel hintendran.

Vor drei Jahren hat sie ihm eine Duschhaube geschenkt. Eine mit Gummizug. Und das Gummi war schon total ausgeleiert.

Vor zwei Jahren hat sie ihm vier blecherne Quakfrösche geschenkt. Die waren auf der Bauchseite alle ganz rostig. Und voriges Jahr hat sie ihm einen Nussknacker geschenkt. Aber nicht so einen hübschen bunten Holz-Soldaten, dem man die Nüsse in den Mund schiebt. Nein, einen ganz gewöhnlichen aus Messing, mit lockerem Scharnier!

Was der Franz dieses Jahr von der Gabi bekommt, weiß er auch schon. In der Schreibtischschublade bei der Gabi hat er einen Zettel entdeckt. Auf den hatte die Gabi geschrieben, was sie wem schenken wird. Hinter PETER war noch ein großes Fragezeichen. Hinter FRANZ stand: drei Schraubenzieher.

Der Franz wüsste nicht, was er weniger brauchen könnte als drei Schraubenzieher. Er schraubt nie! Und wenn er es wollte, könnte er sich jede Menge Schraubenzieher aus dem Werkzeugkasten vom Papa borgen.

Der Franz hat den schweren Verdacht, dass die Gabi gar nie Weihnachtsgeschenke für ihn besorgt, sondern ihm bloß alten Kram schenkt, den keiner mehr braucht.

Doch die drei Schraubenzieher findet der Franz nicht so übel. Die hat er schon verplant. Er wird sie an den Josef weiterschenken. Der Josef nagelt, feilt und schraubt gern herum.

Was der Franz der Gabi dieses Jahr schenkt, muss er sich noch gut überlegen. Da gibt es in einem Schaufenster vom Papierwarengeschäft ein rosa Briefpapier mit violettem Zierrand aus Veilchengirlanden. Das bewundert die Gabi jeden Tag. So richtig auffällig tut sie es. Ganz so, als ob sie dem Franz einen Hinweis geben wollte.

Und das rote Stirnband im Schaufenster der Parfümerie gefällt ihr auch sehr gut. Das will sie sich von ihrem Taschengeld zusammensparen, hat sie gesagt.

Das Briefpapier kostet doppelt so viel wie das Stirnband. Der Franz ist sich ganz sicher, dass sich die Gabi viel mehr über das Briefpapier freuen würde als über das Stirnband.

Aber er ist sich nicht ganz sicher, ob man für jemanden, dem man bloß drei Schraubenzieher wert ist, so viel Geld ausgeben soll.

Die Mama vom Franz meint: „Sei nicht so kleinlich. Beim Schenken darf man nicht rechnen."

Der Papa vom Franz meint: „Schenk ihr lieber einen alten Hosenknopf. So ein geiziges Stück verdient nicht mehr."

An einem Tag findet der Franz, dass die Mama Recht hat. An einem anderen Tag findet der Franz, dass der Papa Recht hat. Je nachdem, ob die Gabi gerade lieb oder böse zu ihm ist.

Am 23. Dezember kamen der Franz und die Gabi schon um zehn Uhr aus der Schule. Vor der Wohnungstür vom Franz sagte die Gabi: „In fünf Minuten machen wir Bescherung. Komm ja nicht später! Wir fahren um elf!"

Der Franz klingelte pünktlich fünf Minuten später bei der Gabi. Unter dem Arm hatte er sein Geschenk. Das Briefpapier.

Die Gabi öffnete dem Franz die Tür. Sie war total verzweifelt. „Der Puppenchristbaum ist kaputt!", jammerte sie. „Und meine Eltern sind so gemein und wollen ihn nicht reparieren!"

„Was heißt da, nicht wollen!", rief der Gabi-Papa. „Wir sind doch keine Elektriker!"

Und die Gabi-Mama rief: „Außerdem haben wir keine Zeit! Wir müssen Koffer packen!"

Der Franz sagte: „Geht ja auch ohne brennende Kerzen." Es ist doch keine Festbeleuchtung nötig, fand er, wenn man drei Schraubenzieher bekommt.

Doch die Gabi jammerte weiter und da meinte ihre Mama: „So nimm halt echte Kerzen. Im Schrank muss noch ein Karton mit Christbaumschmuck sein."

Die Gabi holte den Karton aus dem Schrank und war getröstet.

„Jetzt wird es ja noch viel feierlicher!", rief sie. Sie schob den Franz ins Wohnzimmer und drückte ihn auf die Sitzbank. „Du wartest, bis ich fertig bin", sagte sie. „Damit es eine Überraschung wird."

Der Franz hockte auf der Sitzbank und wartete. Eine Minute verging, noch eine Minute verging, noch zwei Minuten vergingen und dann wieder zwei. Dem Franz wurde langweilig. Er stand auf. Er wanderte im Wohnzimmer auf und ab. Und wie er an der Kommode vorbeikam, sah er dort zwei schmale, lange Päckchen liegen. Gleich schmal, gleich lang. In Silberpapier waren sie gewickelt. Mit rotem Band waren sie verschnürt. Unter dem roten Band steckte auf jedem Paket ein Kärtchen. Auf dem einen stand FRANZ. Auf dem anderen PETER.

Der Franz dachte: Kriegt der Kerl auch drei Schraubenzieher von ihr? Um festzustellen, ob er richtig gedacht hatte, betastete der Franz das PETER-Päckchen. Er spürte in der Mitte etwas hartes Rundes und rechts und links davon etwas schmales Weiches. Und der Franz hörte auch etwas. Aus dem Päckchen tickte es! Das war ja nun der Gipfel! Der Franz sollte drei Schraubenzieher bekommen! Und dieser Peter sollte eine Uhr bekommen!

Der Franz dachte: Jetzt gehe ich sofort mit meinem schönen Briefpapier heim. Und rede mit der Gabi mein Leben lang kein Wort mehr. Der Franz war schon auf dem Weg in den Flur, da durchzuckte ihn ein Geistesblitz! Er machte kehrt und lief zur Kommode zurück. Er zog die zwei Kärtchen unter den Bändern hervor und steckte das FRANZ-Kärtchen auf das PETER-Paket und das PETER-Kärtchen auf das FRANZ-Paket. Kaum war er damit fertig, kam die Gabi.

„Es ist so weit!", rief sie, nahm das Paket mit dem FRANZ-Kärtchen und führte den Franz in ihr Zimmer. Echt feierlich sah es dort aus. Die Rollos waren heruntergezogen. Quer durch das Zimmer war ein Seil gespannt, von dem baumelten viele sprühende Wunderkerzen. Auf dem Schreibtisch lagen eine Menge glitzernde Christbaumkugeln, zwischen denen rote Kerzen flackerten. Und von der Deckenlampe schwebten Lamettafäden herunter.

Der Franz war tief beeindruckt. Er sang mit der Gabi „Kommet, ihr Hirten …". Dann überreichte er der Gabi das Briefpapier und die Gabi überreichte ihm das FRANZ-Paket.

Die Gabi riss sofort das Einwickelpapier von ihrem Geschenk. Sie hüpfte vor Freude auf einem Bein durch das Zimmer und rief dabei: „Genau dieses Papier habe ich mir gewünscht! Franz, du bist ein Schatz!"

Dann sagte sie zum Franz: „So mach doch dein Geschenk auch auf."

Der Franz knüpfte die rote Schleife auf. „Hoffentlich gefällt es dir", sagte die Gabi. Der Franz löste den Tesa-Streifen vom Silberpapier.

„Es ist etwas sehr Praktisches", sagte die Gabi. Der Franz wickelte das Silberpapier auf. Dabei stellte er sich so hin, dass die Gabi nicht ins geöffnete Päckchen sehen konnte. „O Gabi!", rief er. „Du bist auch ein Schatz!" Die Gabi hüpfte auf einem Bein zur Tür und brüllte zum Wohnzimmer hin: „Mama! Er freut sich! Du hast Unrecht gehabt!"

Dann drehte sie sich zum Franz und sagte: „Meine Mama hat nämlich behauptet, dass das kein gutes Geschenk für dich ist."

Der Franz nahm die Uhr aus dem Silberpapier. Sie hatte ein rotes Armband, ein weißes Zifferblatt und darauf, statt der Ziffern, zwölf kleine rote Herzen. Eine ganz prächtige Uhr war das! Der Franz hob die Uhr hoch und rief: „Genau diese Uhr habe ich mir gewünscht!"

Die Gabi starrte auf die Uhr. Mit kugelrunden Augen und offenem Mund starrte sie.

Der Franz sagte: „Weil wir so gute Freunde sind, wissen wir eben genau, was dem anderen gefällt."

„Aber eigentlich …", sagte die Gabi, „also eigentlich …" Dann schwieg sie und schaute drein, als ob sie Zahnweh hätte.

„Ist was?", fragte der Franz.

Die Gabi schluckte. Schluckte einmal, schluckte zweimal, schluckte dreimal. Dann sagte sie: „Nein, nein. Gar nichts ist."

Der Franz gab der Gabi einen Kuss auf die rechte Wange und einen auf die linke. „Schöne Weihnachten noch", sagte er und lief mit seiner Herzchen-Uhr nach Hause. Ein schlechtes Gewissen hatte er nicht. Ganz im Gegenteil! Er war überzeugt, bloß eine große, jahrelange Ungerechtigkeit endlich aus der Welt geschafft zu haben.

24

Karen-Susan Fessel
Josef und Maria

Millie schlug die Augen auf. Sofort fing ihr Herz an, aufgeregt zu klopfen. Heute war Heiligabend. Und Millies Geburtstag! Und vielleicht, ganz vielleicht bekam sie ja doch einen Hund …

„Herzlichen Glückwunsch, liebe Millie!" Die Tür ging auf, und Mama, Papa und Marius kamen herein. Mama trug ein Tablett mit ei-

nem runden Schokoladenkuchen, und Papa und Marius hatten ein paar bunt verpackte Geschenkpäckchen in den Händen.

„Alles Gute zum Geburtstag!", rief Mama vergnügt und setzte den Kuchen auf Millies Nachttisch ab. Dann drückte sie Millie einen dicken Kuss auf die Wange und setzte sich auf die Bettkante.

„Und fröhliche Weihnachten!", sagte Papa, legte die Geschenke vor Millie hin und gab ihr ebenfalls einen Kuss.

Marius ließ sich neben Mama plumpsen, dass das ganze Bett schwankte. „Los, Millie, pusten!"

Millie setzte sich aufrecht hin und pustete alle acht Kerzen auf einmal aus. Während die anderen Beifall klatschten, betrachtete sie mit zusammengekniffenen Augen ihre Geschenke, blickte zur offen stehenden Tür und sah sich zur Sicherheit noch einmal prüfend im ganzen Zimmer um.

„Was suchst du denn?", erkundigte sich Mama.

„Ach, ich dachte, ihr schenkt mir vielleicht diesmal doch einen Hund!", sagte Millie enttäuscht.

Papa seufzte. „Aber Millie, wir haben doch schon so oft darüber geredet! Nun pack erst mal aus, das grüne Päckchen zuerst!"

Millie nahm das grüne Päckchen in die Hand. Es war ziemlich leicht, und als sie es vorsichtig schüttelte, klirrte es. Millie konnte sich überhaupt nicht vorstellen, was dadrin sein sollte. Aber ein so tolles Geschenk wie ein Hund konnte es ja sowieso nicht sein.

Seit Millie denken konnte, wünschte sie sich einen Hund. Groß und schwarz sollte er sein. Und Josef sollte er heißen, das fand Millie lustig. Aber erstens waren Mama und Papa der Meinung, dass Millie noch nicht alt genug für ein eigenes Tier war, und zweitens wünschte Marius sich genauso sehr eine Katze wie sie sich einen Hund. Und zwei Tiere im Haus, sagten Mama und Papa, wären einfach zu viel. Also bekam Marius keine Katze und Millie keinen Hund. Aber Millie gab die Hoffnung natürlich nicht auf.

„Nun mach das Päckchen schon auf!", rief Marius neugierig und beugte sich vor, um besser sehen zu können. Missmutig riss Millie die Verpackung auf. Etwas Rotes, Funkelndes fiel in ihren Schoß.

Zuerst konnte sie gar nicht glauben, was sie da sah. Dann wurde ihr plötzlich ganz heiß. „Ein Hundehalsband!", jubelte Millie und strich begeistert über die kleinen Nieten auf dem roten Leder. „Und eine Leine! Aber… der Hund, wo ist denn der Hund dazu?"

„Tja", sagte Mama und zuckte lächelnd mit den Schultern. „Auf den musst du leider noch ein bisschen warten. Nächstes Jahr zum Geburtstag, denn dann bist du schon neun und alt genug für ein Tier!"

„Ein Hund!", rief Millie glücklich und warf die Leine in die Luft. „Ich krieg einen Hund! Groß und schwarz soll er sein, und Josef soll er heißen!"

„Och!" Marius zog eine Schnute. „Und ich hätte doch so gern eine Katze gehabt! Ein weißes Kätzchen! Maria hätte ich es genannt! Marius und Maria, das hätte so schön geklungen!"

„Man kann nicht alles haben", sagte Papa und legte Marius den Arm um die Schultern. „Und ein Hund ist doch auch schön, nicht wahr?"

Wie an jedem Heiligabend – und an jedem Geburtstag von Millie natürlich – gingen Mama, Papa, Millie und Marius nach dem Mittagessen zum Weihnachtsgottesdienst. Millie hielt die ganze Zeit über das kleine rote Hundehalsband fest in der Hand. Eigentlich war es ja ziemlich unpraktisch, ausgerechnet am Heiligabend Geburtstag zu haben. Millie konnte sich nur auf einen Tag im Jahr freuen statt – wie die anderen – auf zwei. Ihre Freundinnen einladen konnte sie auch nicht, und überhaupt ging ihr Geburtstag immer ein bisschen unter im Weihnachtstrubel. Aber dafür gab es gleich zweimal am Tag Geschenke, morgens und abends. Und heute war all das sowieso ganz egal. Denn Millie bekam einen Hund! Zwar erst nächstes Jahr, und das war noch ziemlich lang hin, aber sie bekam einen Hund!

Als sie wieder zu Hause waren, machte sich Mama an die letzten Weihnachtsvorbereitungen, und Papa zog sich an, um Opa abzuholen. Marius und Millie stürmten ebenfalls zur Garderobe, aber Papa schüttelte den Kopf. „Ihr bleibt hier", sagte er. „Ausnahmsweise mal könnt ihr nicht mit."

Millie und Marius sahen sich an. Das war noch nie vorgekommen. „Aber ... was sollen wir denn jetzt machen?", fragte Marius erstaunt.

„Na, ihr bleibt hier und spielt schön", sagte Papa. „Die Weihnachtsgeschichte, zum Beispiel. Maria und Josef, ihr wisst schon!"

„Haha!", sagte Marius beleidigt. „Sehr komisch."

Papa kicherte verschmitzt und zog die Tür hinter sich zu, und Millie und Marius blieben sich selbst überlassen. Marius seufzte gelangweilt, und Millie befühlte die Nieten auf ihrem Hundehalsband. „Groß und schwarz soll mein Hund sein!", sagte sie verträumt.

„Quatsch!", brummte Marius. „Guck dir das Halsband doch an! Da passt doch gerade mal meine Hand durch! Klitzeklein muss er sein!"

„Aber das ist doch für einen Welpen, du Doofi!", gab Millie zurück.

„Einer Katze würde es auch prima passen!" Marius sah plötzlich ganz traurig aus. „Ach, ich hätte so gern eine Katze gehabt!"

„Aber ein Hund ist viel schöner! Und du darfst ihn auch gerne mal streicheln", erklärte Millie gnädig.

„Pfffft!", machte Marius beleidigt und streckte ihr die Zunge raus.

Millie schlug mit der Leine nach ihm, aber Marius duckte sich weg.

„Millie! Marius!", schimpfte Mama aus der Küche. „Seid lieb zueinander! Heute ist immerhin Heiligabend!"

„Und mein Geburtstag!", rief Millie.

„Ach ja", sagte Mama. „Stimmt ja. Das auch."

Millie und Marius hatten sich längst wieder vertragen und in der Küche sechs Runden Kniffel gespielt, als sie endlich Papas Auto vorfahren hörten. Eilig rutschten sie von ihren Stühlen, aber Mama hielt sie zurück.

„Ihr wartet hier!", sagte sie streng, ging aus der Küche und zog die Tür fest hinter sich zu. Marius und Millie sahen sich an, dann rannten sie zum Fenster. Opa und Papa stiegen eben aus dem Auto. Opa trug einen großen Karton in der Hand, und Papa schleppte einen zugedeckten Wäschekorb hinter ihm her. Kurz darauf war Stimmengewirr aus dem Flur zu hören, dann ein Poltern und schließlich ein seltsames Quietschen. „Autsch!" Das war Opas Stimme! Millie und Marius hörten, wie Mama zu lachen begann. Papa fing an zu fluchen. Dann kicherte er, und Mama lachte noch lauter. Marius drückte lautlos die Türklinke hinunter.

„Ihr bleibt in der Küche!", schrie Mama von draußen. Im nächsten Moment war wieder dieses hohe Quietschen zu hören, gefolgt von einem ganz merkwürdigen Geräusch. „Hustet da einer?", fragte Millie besorgt. Draußen klappte die Wohnzimmertür, und alles war still.

Im nächsten Moment wurde die Tür von außen aufgerissen und Opa stand vor ihnen. Sein weißer Haarkranz war völlig zerrauft, und am Hals hatte er einen langen roten Kratzer.

„Kommt, Kinder!", brüllte er fröhlich. „Jetzt gibt es Bescherung!" Er breitete die Arme aus, und Millie und Marius warfen sich hinein.

Opa hob sie hoch und trug sie ächzend und schwankend bis vor die Wohnzimmertür, wo Mama und Papa schon auf sie warteten. Alle beide wirkten ganz außer Atem und machten geheimnisvolle Gesichter.

„Eins!", rief Papa. „Zwei!", gluckste Mama. „Und drei!", brüllte Opa und stieß die Wohnzimmertür auf.

Zuerst sah Millie nur ein dunkles, zappelndes Etwas unter dem Weihnachtsbaum. Aber dann erkannte sie, dass es ein kleiner schwarzer Hund war, der mit einem winzigen weißen Kätzchen raufte. Als das Kätzchen Marius entdeckte, maunzte es auf und tapste auf unsicheren Beinen auf ihn zu. Und dann rannte der kleine Hund auch schon mit einem hellen Kläffen, das fast wie ein Quietschen klang, an ihm vorbei. Millie bückte sich rasch, und der kleine schwarze Welpe schleckte ihr schwanzwedelnd das Gesicht ab. „Ein Hund!", rief Millie begeistert. „Ein Hund für mich!"

„Und eine Katze für mich!", seufzte Marius und hockte sich hin, um das Kätzchen zu streicheln, das schnurrend um seine Beine strich.

„Gestatten!", rief Papa und verbeugte sich tief. „Das ist Maria!" Er zeigte erst auf das Kätzchen und dann auf den Welpen auf Millies Arm. „Und das ist Josef! Fröhliche Weihnachten, ihr beiden!"

Susanne Klein, 1968 in Hamburg geboren, absolvierte zunächst eine Ausbildung zur Buchhändlerin in Frankfurt a. M. Nach dem Studium der Slawistik und Germanistik sowie mehreren Auslandsaufenthalten war sie als Lektorin für das Bibliographische Institut & F. A. Brockhaus AG und für den Oetinger Verlag tätig. Heute arbeitet sie als freie Lektorin in Hamburg.

Susann Opel-Götz, 1963 in Bayreuth geboren, absolvierte nach einem Kunststudium die Illustrationsklasse an der Akademie der Bildenden Künste in München und ist heute als freie Illustratorin tätig. Für den Oetinger Verlag hat sie u. a. die Geschichten über „Vier verrückte Schwestern" (Text: Hilary McKay) und „Die fabelhaften Barker Girls" (Text: Jacqueline Wilson) illustriert. Susann Opel-Götz wurde für Ihre Arbeit bereits mehrfach ausgezeichnet.

QUELLENNACHWEIS

Die folgenden Erzählungen dieser Anthologie sind erstmals erschienen in:

Kirsten Boie, Der Tannenbaum
Aus: Kirsten Boie, Alles ganz wunderbar weihnachtlich
Verlag Friedrich Oetinger, Hamburg 1992

Kirsten Boie, Die Omalüge
Aus: Hans-Joachim Gelberg (Hrsg.), Der Bunte Hund Nr. 60, unter dem Titel *Totgesagte leben länger*, Beltz & Gelberg, Weinheim 2001

Janosch, Der Bär und der Vogel
Aus: Barbara Homberg (Hrsg.), Warten auf Weihnachten
© Janosch film & medien AG, Berlin
Verlag Friedrich Oetinger, Hamburg 1978

Erich Kästner, Ein Kind hat Kummer
Aus: Erich Kästner, Als ich ein kleiner Junge war
Atrium Verlag, Zürich 1957

Rose Lagercrantz, Metteborgs Flohmarkt
Aus: Rose Lagercrantz / Eva Eriksson, Metteborgs Flohmarkt
Aus dem Schwedischen von Angelika Kutsch
Verlag Friedrich Oetinger, Hamburg 2002

Astrid Lindgren, Pippi Langstrumpf feiert Weihnachten
© Astrid Lindgren 1949, Saltkråkan AB
Aus dem Schwedischen von Angelika Kutsch
Verlag Friedrich Oetinger, Hamburg 2002

Astrid Lindgren, Pelle zieht aus
Aus: Astrid Lindgren, Sammelaugust und andere Kinder
Aus dem Schwedischen von Karl Kurt Peters
Verlag Friedrich Oetinger, Hamburg 1952

Astrid Lindgren, Wie wir in Bullerbü Weihnachten feiern
Aus: Astrid Lindgren, Die Kinder aus Bullerbü
Aus dem Schwedischen von Else von Hollander-Lossow und Karl Kurt Peters.
Verlag Friedrich Oetinger, Hamburg 1970, Neuausgabe 1988

Paul Maar, Der doppelte Weihnachtsmann
Aus: Barbara Homberg (Hrsg.), Warten auf Weihnachten
Verlag Friedrich Oetinger, Hamburg 1978

Eva Marder, Der gläserne Vogel
Aus: Barbara Homberg (Hrsg.), Warten auf Weihnachten
Verlag Friedrich Oetinger, Hamburg 1978

Christine Nöstlinger, Die gerechte Verteilung
Aus: Christine Nöstlinger, Weihnachtsgeschichten vom Franz
Verlag Friedrich Oetinger, Hamburg 1993

Hans Peterson, Malins Weihnachtsgeschenk
Aus: Barbara Homberg (Hrsg.), Wenn Weihnachten kommt
Aus dem Schwedischen von Angelika Kutsch
Verlag Friedrich Oetinger, Hamburg 1982

Barbara Robinson, Hilfe, die Herdmanns kommen
Aus: Barbara Robinson, Hilfe, die Herdmanns kommen
Aus dem Amerikanischen von Nele und Paul Maar
Verlag Friedrich Oetinger, Hamburg 1974

Sybil Gräfin Schönfeldt, Der Bäckerengel
Aus: Barbara Homberg (Hrsg.), Wenn Weihnachten kommt
Verlag Friedrich Oetinger, Hamburg 1982

David Henry Wilson, Warten auf Weihnachten
Aus: David Henry Wilson, Jeremy James oder Wenn Schweine Flügel hätten
© David Henry Wilson 1978
Originaltitel der Geschichte: *Waiting for Christmas*
Aus dem Englischen von Helmut Winter
Verlag Friedrich Oetinger, Hamburg 1979

Die übrigen Erzählungen sind Originalbeiträge und erscheinen erstmals
in dieser Anthologie.

Die schönsten Weihnachtslieder für die ganze Familie

Sophie Härtling (Hrsg.)/Annette Swoboda
O du fröhliche!
Das Weihnachtsliederbuch
96 Seiten
ISBN 3-7891-6605-7

»Fröhliche Weihnacht überall«, »Jingle Bells« oder »Es ist ein Ros entsprungen« – das große Weihnachtsliederbuch enthält 48 der schönsten deutschen und internationalen Weihnachtslieder zum Mitsingen und Musizieren. Die Lieder sind in sieben thematische Abschnitte gegliedert und erzählen von der Vorweihnachtszeit, vom Weihnachtsmann und von Engeln, sie erinnern daran, wie die Hirten zum Stall gingen und Maria ihr Kind wiegte.

Mit vielen farbigen Bildern von Annette Swoboda, einfachen Notensätzen und Gitarrengriffen sowie einer Grifftabelle mit den wichtigsten Akkorden.

Die Musik-CD zum Weihnachtsliederbuch – zum Zuhören und Mitsingen!

Weitere Informationen unter: **www.oetinger.de**